U0601981

总主编 王 艳

乡土烙印

《乡土中国》整本书阅读研习

刘 婧 编著

中国人民大学出版社
· 北京 ·

图书在版编目（CIP）数据

乡土烙印 :《乡土中国》整本书阅读研习 / 刘婧编著 . -- 北京 : 中国人民大学出版社，2024. 8. -- ISBN 978-7-300-33161-4

Ⅰ. G634.333

中国国家版本馆 CIP 数据核字第 20248DD166 号

乡土烙印

《乡土中国》整本书阅读研习

刘　婧 编著

Xiangtu Laoyin

出版发行	中国人民大学出版社		
社　　址	北京中关村大街 31 号	**邮政编码**	100080
电　　话	010-62511242（总编室）		010-62511770（质管部）
	010-82501766（邮购部）		010-62514148（门市部）
	010-62515195（发行公司）		010-62515275（盗版举报）
网　　址	http://www.crup.com.cn		
经　　销	新华书店		
印　　刷	北京宏伟双华印刷有限公司		
开　　本	720 mm × 1000 mm　1/16	**版　　次**	2024 年 8 月第 1 版
印　　张	12.5 插页 1	**印　　次**	2024 年 8 月第 1 次印刷
字　　数	135 000	**定　　价**	49.90 元

目　录

第一章

走近《乡土中国》

一、行行重行行，老来一书生

费孝通（1910.11.2—2005.4.24），江苏吴江人，著名社会学家、人类学家、民族学家、社会活动家，中国社会学和人类学的奠基人之一。1928年考入东吴大学医预科，1930年转入燕京大学社会学系，1933年毕业后考入清华大学研究院，1936年进入伦敦大学，在马林诺夫斯基门下学习社会人类学，1938年毕业获得博士学位。他的博士论文《江村经济》一鸣惊人，享誉海内外，被誉为“人类学实地调查和理论工作发展中的一个里程碑”，成为国际人类学界的经典之作。博士毕业后费孝通放弃了英国大学的盛情邀请，毅然决定启程回国。1938年开始，先后任云南大学、西南联合大学、清华大学教授。1982年起任北京大学社会学系教授，继续乡村实地调研，足迹遍布全国。2005年4月24日，在北京逝世，享年95岁。

费孝通一生孜孜不倦，著述浩繁，主要论著收入《费孝通文集》。其中，《乡土中国》和《江村经济》是研究中国经济、社会和文化的必读之书。他的《乡土中国》让世界重新认识中国特殊的社会结构；他的《江村经济》让世界从不同角度定义中国的生产方式。他“行行重行行”，怀着一颗“志在富民”的仁心，总结出了包括“苏南模式”“温州模式”在内的多个区域经济发展模式，推动了包括浦东、黄河上游、南方丝绸之路在内的多个区域经济的布局和发展。他提出的“文化自觉”理念，对全球化时代中国国际地位的战略思考，以及“美美与共，天下大同”的和谐世界设想，都将推动中华民族坚定地走向伟大复兴。

费孝通的一生，是追求真理的一生，是不懈奋斗的一生，是无私奉献的一生。他以热爱祖国、追求光明的赤子情怀，生动演绎了中国知识分子“铁肩担道义，妙手著文章”的崇高的理想追求。在抗战的烽火岁月里，他从英国回到中国，奔赴云南。因反内战而遭遇暗杀危险，他依然没有离开自己的祖国：1945 年 11 月 25 日晚上，费孝通在西南联大演讲，面对国民党特务的破坏、断电甚至开枪，他站在会场最高处，发出了比枪声更为响亮的呼声：“不但在黑暗中我们呼吁和平，在枪声中我们还要呼吁和平！”在人生晚年，他仍然不放弃理想，不退居二线，继续从江南水乡出发，席不暇暖地四处奔走调研，推动乡村的发展。

行行重行行，老来一书生。费孝通一辈子读书、教书、写书，从来没有间断过对理想的追寻。他内心贴近农民，双脚站在乡土上，以真诚坦荡的大家风范、“天下大同”的家国情怀，矗立起一座高山仰止的丰碑。这位生长于江南小镇的大师，肩负着“天下兴亡、匹夫有责”的使命，将毕生所学化作心中大爱，奉献给乡土中国那希望的田野。

二、读懂农村，读懂中国——补上缺失的一页

中国人为什么安土重迁？

人发达了之后为什么要衣锦还乡？

为什么有人说中国社会是人情社会？

为什么很多人会有“各人自扫门前雪，莫管他人屋上霜”这样的信条？

…………

解读这些问题，有助于我们思考中国人的行为习惯，从而对中国社会的运转方式有一个全面的、全新的认识。

要回答这些问题，首先需要读懂中国的农村生活，因为中国许多阶层都是从农村分离出去的。然而，农村生活对当代很多青少年来说，似乎是上一个世纪的图景，对现在的社会生活来说无足轻重。温儒敏在为人民文学出版社撰写的《〈乡土中国〉导读》中说道：“书中所写的‘乡土中国’，对于当今许多城市里长大的孩子来说，是那样遥远，农村的学生也未见得就不感到陌生，这也会造成阅读障碍。”但正因如此，我们才需要补上这一课，补上读懂中国一直以来缺失的这一页。

在进行小农业生产的广大农村，农民依附土地，自耕自食，日出而作，日落而息。在漫长的历史发展中，农民所具有的行为习惯和人际关系形成了农村社会的特色，这就构成了许多阶层乃至中国社会的根基。正如费孝通在《乡土中国》开篇所阐释的：

从基层上看去，中国社会是乡土性的。我说中国社会的基层是乡土性的，那是因为我考虑到从这基层上曾长出一层比较上和乡土基层不完全相同的社会，而且在近百年来更在东西方接触边缘上发生了一种很特殊的社会。这些社会的特性我们暂时不提，将来再说。我们不妨先集中注意那些被称为土头土脑的乡下人，他们才是中国社会的基层。

所以说，不了解中国农村，就无法真正了解中国。

“从基层上看去，中国社会是乡土性的。”《乡土中国》开篇之语，代表了一个理解中国社会的新视角的诞生。这是来自基层乡土社会的观察，而不是居于庙堂之上的俯瞰。《乡土中国》就是费孝通一步一步深入“乡土社会”，通过不断调查逐渐形成的深刻思考。该书由费孝通所讲的“乡村社会学”的课程讲义整理而成，总共收录了《乡土本色》《文字下乡》《再论文字下乡》《差序格局》《系维着私人的道德》《家族》《男女有别》《礼治秩序》《无讼》《无为政治》《长老统治》《血缘和地缘》《名实的分离》《从欲望到需要》十四篇论文，对基层农村的社会运转方式进行了以点带面式的阐释。《乡土中国》各篇分别从乡村社区、文化传递、家族制度、道德观念、权力结构、社会规范、社会变迁等方面分析、解剖了中国乡村社会的结构，尝试回答“作为中国基层社会的乡土社会究竟是个什么样的社会”这个问题。

对于《乡土中国》这本书的基本认识，费孝通在《旧著〈乡土中国〉重刊序言》中写道：

这本小册子和我所写的《江村经济》《禄村农田》等调查报告性质不同。它不是一个具体社会的描写，而是从具体社会里提炼出的一些概念。这里讲的乡土中国，并不是具体的中国社会的素描，而是包含在具体的中国基层传统社会里的一种特具的体系，支配着社会生活的各个方面。它并不排斥其他体系同样影响着中国的社会，那些影响同样可以在中国的基层社会里发生作用。搞清楚我所谓乡土社会这个概念，就可以帮助我们去理解具体的中国社会。

《乡土中国》一书提出了很多用来研究中国社会的概念，例如

“乡土社会”“差序格局”“礼治秩序”“横暴权力”“血缘社会”等。这样的一些社会学概念，构建了本土化的社会学理论，并且颇具高度地归纳出乡土社会的特点，较为全面地展现了中国基层社会的全貌。其中最重要的是“差序格局”和“礼治秩序”这两个概念，对前现代中国农村的生存环境和农民的生活状态进行了最深刻、最简约的提炼。这是切入中国传统文化特质的重要思路。几千年来中国农民就在这样的社会秩序中生息，无论是改朝换代还是战争离乱，均风雨不惊，即使打散了，很快又复原如初。所以，中国能成为世界上唯一没有中断文化传统的文明古国，形成在世界文化史上被公认为传承力最强劲的文化。一种沿袭已久的社会文化形态，有相对的稳定性，不会轻易随着政权和制度的变化而消失，对今天的我们来说，有着很大的启示意义。

三、大家风范，举重若轻

《乡土中国》并非正襟危坐写就的学术专著，它是费孝通在20世纪40年代后期，应当时《世纪评论》之约，根据他在西南联大和云南大学所讲“乡村社会学”一课的内容，写成的分期连载的十四篇文章。整体来看，《乡土中国》一书行文是严密的，论证是严谨的。但也正因为是发表在报刊之上的文章，所以没有其他学术类文章那么强的理论性，而是具有随笔性质。正如费孝通在其《后记》中所说：“随讲随写，随写随寄，随寄随发表。”

《乡土中国》一书篇幅短小，只有寥寥数万言，但内容博大，涉及社会结构、权力分配、道德体系等各个方面，对中国基层社会的主要特征进行了概述和分析，全面展现了中国基层社会的面貌。如此成书，难免让人翻开前就预判枯燥乏味或高深莫测，但该书自问世以来，能让一代又一代的读者感觉通俗易懂又雅致精深，这是如何做到的呢？

一是在研究方法上，费孝通主要是对以往的实地调查进行总结和梳理，运用比较分析的方法对中国的乡土社会进行分析研究。上一小节我们讲到，《乡土中国》一书提出了很多研究中国社会的概念，例如“差序格局”“礼治秩序”“横暴权力”等。在此之中，费孝通引用了儒家的“人伦”等思想内容，又运用了历史的分析方法等研究中国乡土社会的结构和文化。不过从整本书来看，费孝通并未就这些概念及其关系做出更周密的阐释，而他的判断也多依托于生活感受或田野经验。对我们读者来说，这是一本像“乡土”一样朴素的学术著作，得益于作者敏锐的文化感知力与深刻的文化洞察力，朴素之中又散发出理性思辨的通透。以学术求真知，以思辨求真理，这大概就是学术的本质内涵。

二是在表达风格上，该书将科学与叙事有机结合，语言平易，说理晓畅，不故弄玄虚，不堆砌辞藻。例如《文字下乡》一篇中，举了这样一个例子：

说到这里我记起了疏散在乡下时的事来了。同事中有些孩子送进了乡间的小学，在课程上这些孩子样样比乡下孩子学得快、成绩好。教员们见面时总在家长面前夸奖这些孩子们有种、聪明。这等于说教授们的孩子智力高。我对于这些恭维自然是私心窃喜。穷教授别的已经全被剥夺，但是我们还有别种人所望尘莫及的遗传。但是有一天，我在田野里看放学回来的小学生们捉蚱蜢，那些“聪明”

而有种的孩子，扑来扑去，屡扑屡失，而那些乡下孩子却反应灵敏，一扑一得。回到家来，刚才一点骄傲似乎又没有了着落。

费孝通擅长运用鲜活的、接地气的事例来具体说明问题。这里将乡下孩子在教室里认字认不过教授的孩子，和教授的孩子在田野里捉蚱蜢捉不过乡下孩子进行比较，两类孩子在日常不熟悉的环境里都表现不佳，不能仅凭乡下孩子认字不如教授的孩子而判定乡下人比城里人“愚”。“愚”是智力不足或缺陷，而不以是否识字为标准。如此类比，既具备敏捷思维，又充满盎然意趣，令科学语篇平添生动之色。

还是《文字下乡》这一篇，有这样一段文字：

我在上一篇里说明了乡土社会的一个特点就是这种社会的人是在熟人里长大的。用另一句话来说，他们生活上互相合作的人都是天天见面的。在社会学里我们称之作 Face-to-face Group，直译起来是“面对面的社群”。归有光的《项脊轩记》里说，他日常接触的老是那些人，所以日子久了可以用脚步声来辨别来者是谁。在“面对面的社群”里甚至可以不必见面而知道对方是谁。我们自己虽说是已经多少在现代都市里住过一时了，但是一不留心，乡土社会里所养成的习惯还是支配着我们。你不妨试一试，如果有人在你门上敲着要进来，你问：“谁呀！”门外的人十之八九回答你一个大声的“我”。这是说，你得用声气辨人。在“面对面的社群”里一起生活的人是不必通名报姓的。很少太太会在门外用姓名来回答丈夫的发问。但是我们因为久习于这种“我呀！”“我呀！”的回答，也很有时候用到了门内人无法辨别你声音的场合。我有一次，久别家乡回来，在电话里听到了一个无法辨别的“我呀”时，的确闹了一个笑话。

这一段文字中其实有三则叙事，但衔接紧密，语义连贯，内容集中，讲的都是乡土社会的熟人社会特点。书中这样的叙事语段比比皆是，它们像一匹匹闪光的锦缎铺展在文本中，形象地呈现了乡土社会的风俗人情，并配合着鞭辟入里的分析和解说，让读者领悟到早已习以为常的生活现象其实有着别样的意义和趣味。

费孝通在这本著作中尽数选用身边平常事，言简意赅、深入浅出地向读者讲述中国的乡土文明，举重若轻，彰显大家风范。作为一本经典的学术专著，《乡土中国》没有端着面孔的架势，反而回归到生动活泼、亲切宜人的境界，是最佳的学术著作入门读物。

四、高中语文课和《乡土中国》的“联名”

《乡土中国》是费孝通所著的一部研究中国乡村社会特点的学术著作。那么同学们在阅读之前一定有两点疑问：

第一，高中语文课为什么要阅读社会学著作？

第二，阅读社会学著作为什么选择《乡土中国》这本书？

温儒敏在《〈乡土中国〉导读》中是这样回答第一个问题的：

高中语文统编教材把费孝通的《乡土中国》列为“整本书阅读”单元，要求通读，估计有些同学拿起这本书，翻几页，会觉得难，读不下去。以前课文是一篇一篇地教，现在要读整本书，又是很少接触过的学术专著，感到难，属于“正常反应”。

《乡土中国》的确有点难。这是社会学的经典论著，学术性强，即使这方面的专家，读起来也要费一番心思的，何况我们中学生？

书中所写的“乡土中国”，对于当今许多城市里长大的孩子来说，是那样遥远，农村的学生也未见得就不感到陌生，这也会造成阅读障碍。经典阅读总会有困难，却又是充满乐趣的。读书不能就易避难，不要总是读自己喜欢的、浅易的、流行的读物，在低水平圈子里打转。年轻时有意识让自己读一些“深”一点的书，读一些可能超过自己能力的经典，是一种挑战。应当激发自信，追求卓越，知难而上。

可以看到，阅读学术著作，其实是对我们当代高中生的一个挑战。语文课除了阅读文学著作，还可以挑战阅读学术专著。学习不同类型书籍的阅读方法，可以帮助我们积累阅读整本书的经验，养成良好的阅读习惯，不断拓宽阅读视野，让我们终身受益。

同时，高中的语文课不仅要培养我们的语言知识和能力，提升思维方法与品质，还要有一种塑造情感、态度与价值观的使命。阅读社会学著作，能够深化我们对社会变革、国家发展的认识，培养我们的文化自信，激发我们的使命感和责任感。

那么为什么选择《乡土中国》这本书呢？

《乡土中国》是我国社会学发展史上一部非常重要的著作，尤其是在农村以及乡土研究方面，更是起到了不可替代的重要作用。虽然《乡土中国》出版发行至今已七十余年，但是该著作的历史内涵依然厚重，对于当下乃至中国乡土社会的发展与研究都具有比较清晰的解释意义。正如钱灵犀对《乡土中国》一书的评价：

费孝通笔下对中国人，特别是中国农民，有许多精彩而深刻的论述。特别是他在《乡土中国》中对中国社会的分析，过了四五十年之后再看，仍觉得有重要参考价值，发人深省，就如同鲁迅著作中对中国人的剖析。

刘志琴亦在《〈乡土中国〉的现代意义》一文中指出：

当代中国正在经受从传统农业社会向现代工业社会、从计划经济向市场经济转化的双重转型，这是中国历史上最深刻、最广泛的历史巨变。新旧生产方式的并存与代谢、社会机制的解体与重构、中外文化的激荡与交融、思想观念转化的反复与阵痛等等，使许多问题的复出都带有乡土社会的遗迹。在这样的环境中，建设现代化的社会主义中国，不仅要反对封建主义残余，更要重新认识国情，逐步探索符合中国实际的发展现代化的道路和步骤。

温儒敏也认为语文学习能从《乡土中国》的阅读中收获很多：

阅读《乡土中国》是需要一些社会学知识的。不过对我们中学生来说，也不必在专业知识方面花太多精力，结合语文学习来阅读《乡土中国》，可能是更加必要的。《乡土中国》以调查和科学论证为主，但写得很有文采，充满人文关怀。文中渗透着对历史学、哲学、政治学、人类学等相关学科的深刻认识和精辟见解，是“杂”而化之。能做到科学、严谨而又好读，这种文体风格背后，需要多学科整合的开阔视野，也需要深厚的文化底蕴，这是学术论著的一种境界。从语文的角度看，也是一部可圈可点的美文和范文。

作为一部充满人文关怀的社会学著作，《乡土中国》处处充盈着真知灼见。如今重新阅读这本书，有助于我们清醒地认识中国国情，从而进行正确的判断，提出合理的对策。虽然费孝通在《旧著〈乡土中国〉重刊序言》中说，“我是一面探索一面讲的，所讲的观点完全是讨论性的，所提出的概念一般都没有经过琢磨，大胆朴素，因而离开所想反映的实际，常常不免有相当大的距离，不是失之片面，就是走了样”，但不可否认，费孝通透视社会的眼光、观察社会的方法，在当今社会仍然充满活力，值得借鉴。

读其文、明其理、慕其志。回溯历史，我们能够清晰地看到费孝通对于国家深沉的热爱和强烈的现实关怀。《乡土中国》成稿于20世纪40年代。其时，日军侵华，山河沦陷。费孝通一生肩负着一代知识分子“志在富民”的学术使命，不断深入实地调查研究，尝试构建中国社会学的理论和方法体系，探究中国基层社会的特质以及存在的积弊，寻求改革之路。

我想，对于当代中学生来说，《乡土中国》主要有以下四点阅读意义：一是可以沿着作者的思路，一窥中国的基层社会，全面、具体地了解中国乡村社会的面貌，深入地理解中国乡村文化的特性；二是可以透过文本，学习作者观察社会、透视社会的方法，提高我们的思维能力和文化素养；三是可以通过研读文本，学习作者缜密的思维、生动的表达、严密的论证，提升我们的语文素养；四是感受先辈的学术救国、学术报国之志，涵养我们这一代人的家国情怀。

《乡土中国》一书貌不惊人，仅仅是薄薄的一小册，却能让读者从书中看到中国日新月异的发展背后，仍留存下来的那些不变的“根”。希望能有更多的人捧起这本书，看看半个多世纪前文学先驱费孝通先生告诉你的“中国那些事儿”。

第二章

走进《乡土中国》

 一、先粗后细，触类旁通

阅读《乡土中国》，总的要求是读通、读懂，理解基本内容，并力求触类旁通，掌握学术著作的一般读法。学术著作大多追求的是在相关领域或者某一专题上的探索与创造，强调科学性、系统性和逻辑性，重在理论发现或解决实际问题。阅读这类著作，除了关注作者运用的材料、提出的概念，以及做出的理论阐释，还要看它们在前人研究的基础上有什么创造，这种创造经历过怎样的探索，具有怎样的价值。

下面的一些方法，可以为我们阅读《乡土中国》这样的学术著作提供帮助。

第一，要有阅读的“预期”。阅读学术著作的目的一般比较明确，如阅读《乡土中国》，既可能是为了解中国乡村的历史与文化，也可能是想学习一些社会学研究的方法，还可能是为解决当今农村问题寻找答案，等等。无论带着哪种预期来阅读，目标明确了，才能达到预期的效果。

第二，先“粗”后“细”，逐步推进。所谓“粗”，一是通过阅读《旧著〈乡土中国〉重刊序言》《后记》等，了解作者的写作背景和写作目的；二是通过浏览目录大体了解著作的基本内容和章节结构。比如《乡土中国》一书，阅读《旧著〈乡土中国〉重刊序言》可以帮助我们了解成书过程、该书性质与研究方法、阅读意义等；

阅读《后记》可以帮助我们厘清社会学的概念，进一步理解该书如何从各制度的关系探讨全盘的社会结构。

所谓“细”，即注重概念、材料、论证、推理等要素，深入思考，不断提炼。阅读《乡土中国》中的各篇文章，可以先读篇章标题，预测推想；再读各段，筛选重要的概念或语句，了解各段的内容；最后观照全篇，更好地把握作者的观点和论述的逻辑。

第三，抓住核心概念，找出概念间的联系。学术著作往往会提出一些重要的概念，然后从理论上进行阐释。阅读《乡土中国》要特别关注其中的重要概念，如“礼俗社会”“差序格局”“无讼”“无为政治”等。这些都是作者从大量的田野调查材料中提炼出来的，用以归纳某些现象，并从理论高度解释这些现象。抓住并理解核心概念，就掌握了阅读学术著作的钥匙。

第四，关注作者研究的思路。《乡土中国》是基于田野调查的研究，阅读时要注意作者怎样从调查材料中提炼典型的现象，形成概念，又怎样上升到理论的高度进行阐释。不仅要知道结论，还要注意形成结论的过程，看作者怎样通过辨识分析、比较、归纳，提出和研究问题，获得新的理论发现，甚至开拓新的研究领域。

第五，反复阅读，积极思考。学术著作理论性强，涉及的术语多，语言表达比较抽象，阅读时难免会遇到不明白的地方。这时就要多读几遍，可以参阅一些资料，促进对学术著作的理解；还可以调动自己的经验和知识积极思考，力求触类旁通，举一反三。

下面，请阅读《乡土中国》中的《旧著〈乡土中国〉重刊序言》和《后记》，为下图“添枝加叶”。

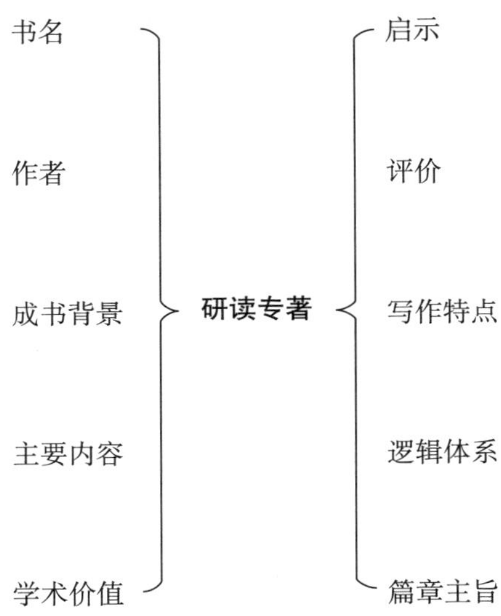

 二、阅读“钥匙”：核心概念

学术著作往往会提出一些重要的概念，然后从理论上进行阐释。《乡土中国》就具有这样的特点，尽管只有几万字，但学术概念、术语较多。阅读《乡土中国》就需要特别关注每一篇的核心概念。读到每一个概念时，我们都需要停下来思考：这个概念是在什么语境中提出的？内涵是什么？属于书中的哪一个结构板块？如何围绕概念对相关问题展开分析？用好手中“核心概念”这把钥匙，我们就能打开《乡土中国》的大门。

下面这个表格已经帮你梳理了全书的结构板块，请你浏览全书，找出或者概括出每一篇的核心概念，填写下面的表格。

结构板块	对应篇目	核心概念
“乡土”概述	01《乡土本色》	________
语言文字	02《文字下乡》	无需文字的社会
	03《再论文字下乡》	
人际关系	04《差序格局》	________ vs ________
	05《系维着私人的道德》	
社群	06《家族》	________ vs 家庭
	07《男女有别》	男女有别 vs ________
政治法律	08《礼治秩序》	礼治 vs ________
	09《无讼》	________ vs 司法
	10《无为政治》	横暴权力 vs ________
	11《长老统治》	________
社会发展	12《血缘和地缘》	血缘社会 vs ________
	13《名实的分离》	________
	14《从欲望到需要》	________ vs 需要

示例如下：

结构板块	对应篇目	核心概念
“乡土”概述	01《乡土本色》	乡土社会
语言文字	02《文字下乡》	无需文字的社会
	03《再论文字下乡》	
人际关系	04《差序格局》	差序格局 vs 团体格局
	05《系维着私人的道德》	
社群	06《家族》	家族 vs 家庭
	07《男女有别》	男女有别 vs 男女求同

续表

结构板块	对应篇目	核心概念
政治法律	08《礼治秩序》	礼治 vs 法治
	09《无讼》	教化 vs 司法
	10《无为政治》	横暴权力 vs 同意权力
	11《长老统治》	教化权力
社会发展	12《血缘和地缘》	血缘社会 vs 地缘社会
	13《名实的分离》	时势权力
	14《从欲望到需要》	欲望 vs 需要

三、立足文本，思维进阶

在上一节，我们梳理出全书的六个结构板块，整理了各篇的核心概念。接下来，我们从核心概念的阐释入手，以各个板块的重点篇目为例进行原文解析，逐步展开“梳理探究”“灵活应用”“拓展阅读”三个环节，促进思维进阶，加深对该书的理解。

01 乡土社会

概念阐释

《乡土本色》是《乡土中国》的第一篇，可以作为这本书的总括。费孝通在这一篇中提出了整本书的核心概念：“乡土社会”。

“土”字的基本意义是指泥土、土地，在这里指一种依赖土地的意识和传统。“乡”指城市外的区域，也就是我们常说的农村；“乡”

也引申指自己生长的地方或祖籍，也即我们常说的家乡。“乡土社会”指一种以依赖土地为传统、以农业为主要生产方式的社会。

《乡土本色》中指出：“以现在的情形来说，这片大陆上最大多数的人是拖泥带水下田讨生活的了。我们不妨缩小一些范围来看，三条大河的流域已经全是农业区。而且，据说凡是从这个农业老家里迁移到四围边地上去的子弟，也老是很忠实地守着这直接向土里去讨生活的传统。”因为中国拥有大量的农业人口，又因为乡下人（农民）与土地密不可分的关系，所以费孝通认为，中国社会的基层是乡土性的，“那些被称为土头土脑的乡下人”才是中国社会的基层。

原文解析

《乡土本色》

原文	解析
①从基层上看去，中国社会是乡土性的。我说中国社会的基层是乡土性的，那是因为我考虑到从这基层上曾长出一层比较上和乡土基层不完全相同的社会，而且在近百年来更在东西方接触边缘上发生了一种很特殊的社会。这些社会的特性我们暂时不提，将来再说。我们不妨先集中注意那些被称为土头土脑的乡下人，他们才是中国社会的基层。//	Ⅰ.第一层（第1段）：从基层上看，中国社会是乡土性的。
②我们说乡下人土气，虽则似乎带着几分藐视的意味，但这个土字却用得很好。土字的基本意义是指泥土。乡下人离不了泥土，因为在乡下住，种地是最普通的谋生办法。在我们这片远东大陆上，可能在很古的时候住过些还不知道种地的原始人，那些人的生活怎样，对于我们至多只有一些好奇的兴趣罢了。以现在的情形来说，这片大陆上最大多数的人是拖泥带水下田讨生活的了。我们不妨缩小一些范围来看，三条大河[1]的流域已经全是农业区。而且，	Ⅱ.第二层（第2～3段）：“土”在民族文化中的重要地位。 [1] 三条大河指长江、黄河和珠江。

续表

原文	解析
据说凡是从这个农业老家里迁移到四围边地上去的子弟，也老是很忠实地守着这直接向土里去讨生活的传统。[2] 最近我遇着一位到内蒙旅行回来的美国朋友，他很奇怪地问我：你们中原去的人，到了这最适宜于放牧的草原上，依旧锄地播种，一家家划着小小的一方地，种植起来；真像是向土里一钻，看不到其他利用这片地的方法了。我记得我的老师史禄国先生也告诉过我，远在西伯利亚，中国人住下了，不管天气如何，还是要下些种子，试试看能不能种地。——这样说来，我们的民族确是和泥土分不开的了。从土里长出过光荣的历史，自然也会受到土的束缚，现在很有些飞不上天的样子。[3]	[2]“据说”说明没有进行完全的调查，“凡是”说明这一现象的普遍性，这样的论述非常严谨。“也”“老是”“很”叠加使用，强调了农村子弟对这一传统的坚持。 [3] 乡下人以种地作为基本的生活方式，从土地中获取生活资源，这是中国农耕民族上千年的传统，曾经创造了悠久的历史文明。但是与此同时，人也会受到土地的束缚，比如思维拘泥于泥土，再比如后文将要讲到的人口缺少流动、集团之间孤立隔膜、缺少法律意识等。
③靠种地谋生的人才明白泥土的可贵。城里人可以用土气来藐视乡下人，但是乡下，“土”是他们的命根。在数量上占着最高地位的神，无疑的是“土地”。“土地”这位最近于人性的神，老夫老妻白首偕老的一对，管着乡间一切的闲事。他们象征着可贵的泥土。我初次出国时，我的奶妈偷偷地把一包用红纸裹着的东西，塞在我箱子底下。后来，她又避了人和我说，假如水土不服，老是想家时，可以把红纸包裹的东西煮一点汤吃。这是一包灶上的泥土。——我在《一曲难忘》的电影里看到了东欧农业国家的波兰也有着类似的风俗，使我更领略了“土”在我们这种文化里所占和所应当占的地位了。//	
④农业和游牧或工业不同，它是直接取资于土地的。游牧的人可以逐水草而居，飘忽无定；做工业的人可以择地而居，迁移无碍；而种地的人却搬不动地，长在土里的庄稼行动不得，侍候庄稼的老农也因之像是半身插入了土里，土气是因为不流动而发生的。	Ⅲ. 第三层（第 4～6 段）： 农民黏着于土地，人口几乎不流动是乡土社会的特性之一。
⑤直接靠农业来谋生的人是黏着 [4] 在土地上的。我遇见过一位在张北一带研究语言的朋友。我问他说	

续表

原文	解析
在这一带的语言中有没有受蒙古话的影响。他摇了摇头，不但语言上看不出什么影响，其他方面也很少。他接着说："村子里几百年来老是这几个姓，我从墓碑上去重构每家的家谱，清清楚楚的，一直到现在还是那些人。乡村里的人口似乎是附着在土上的，一代一代地下去，不太有变动。"——这结论自然应当加以条件的，但是大体上说，这是乡土社会的特性之一。我们很可以相信，以农为生的人，世代定居是常态，迁移是变态。大旱大水，连年兵乱，可以使一部分农民抛井离乡；即使像抗战这样大事件所引起基层人口的流动，我相信还是微乎其微的。	[4]"黏着"是一种形象的说法，生动地体现了乡下人对土地的依赖，强调了中国乡村人口几乎不流动的特点。
⑥当然，我并不是说中国乡村人口是固定的。这是不可能的，因为人口在增加，一块地上只要几代的繁殖，人口就到了饱和点；过剩的人口自得宣泄出外，负起锄头去另辟新地。可是老根是不常动的。这些宣泄出外的人，像是从老树上被风吹出去的种子，找到土地的生存了，又形成一个小小的家族殖民地，找不到土地的也就在各式各样的命运下被淘汰了，或是"发迹了"。我在广西靠近瑶山的区域里还看见过这类从老树上吹出来的种子，拼命在垦地。在云南，我看见过这类种子所长成的小村落，还不过是两三代的事；我在那里也看见过找不着地的那些"孤魂"，以及死了给狗吃的路毙尸体。[5]//	[5]用确切、典型的现实生活中的例子来证明自己的观点，增强说服力。 Ⅳ. 第四层（第7～10段）： 聚村而居，团体（村落）之间的关系孤立和隔膜是乡土社会的特性之二。
⑦不流动是从人和空间的关系上说的，从人和人在空间的排列关系上说就是孤立和隔膜。孤立和隔膜并不是以个人为单位的，而是以住在一处的集团为单位的。本来，从农业本身看，许多人群居在一处是无须的。耕种活动里分工的程度很浅，至多在男女间有一些分工，好像女的插秧，男的锄地等。这种合作与其说是为了增加效率，不如说是因为在某一时间男的忙不过来，家里人出来帮帮忙罢了。耕种活动中既不向分工专业方面充分发展，农业本身也就没有聚集	

续表

原文	解析
许多人住在一起的需要了。我们看见乡下有大小不同的聚居社区，也可以想到那里出于农业本身以外的原因了。 ⑧乡下最小的社区可以只有一户人家。夫妇和孩子聚居于一处有着两性和抚育上的需要。无论在什么性质的社会里，除了军队、学校这些特殊的团体外，家庭总是最基本的抚育社群。在中国乡下这种只有一户人家的小社区是不常见的。在四川的山区种梯田的地方，可能有这类情形，大多的农民是聚村而居。这一点对于我们乡土社会的性质很有影响。美国的乡下大多是一户人家自成一个单位，很少屋檐相接的邻舍。这是他们早年拓殖时代，人少地多的结果，同时也保持了他们个别负责，独来独往的精神。我们中国很少类似的情形。[6] ⑨中国农民聚村而居的原因大致说来有下列几点：一、每家所耕的面积小，所谓小农经营，所以聚在一起住，住宅和农场不会距离得过分远。二、需要水利的地方，他们有合作的需要，在一起住，合作起来比较方便。三、为了安全，人多了容易保卫。四、土地平等继承的原则下，兄弟分别继承祖上的遗业，使人口在一个地方一代一代地积起来，成为相当大的村落。[7] ⑩无论出于什么原因，中国乡土社区的单位是村落，从三家村起可以到几千户的大村。我在上文所说的孤立、隔膜是以村和村之间的关系而说的。孤立和隔膜并不是绝对的，但是人口的流动率小，社区间的往来也必然疏远。我想我们很可以说，乡土社会的生活是富于地方性的。地方性是指他们活动范围有地域上的限制，在区域间接触少，生活隔离，各自保持着孤立的社会圈子。// ⑪乡土社会在地方性的限制下成了生于斯、死于斯的社会。常态的生活是终老是乡。假如在一个村子里的人都是这样的话，在人和人的关系上也就发生了	[6] 把美国乡下的居住现象和中国的进行比较研究，说明美国单户居住的形成原因，突出中国乡村聚居的特点。 [7] 清楚地回答了上文“我们看见乡下有大小不同的聚居社区，也可以想到那里出于农业本身以外的原因了”的问题。 V. 第五层（第11～16段）： “熟悉”社会，人和人相处习从规矩和礼俗是乡土社会的特性之三。

续表

原文	解析
一种特色，每个孩子都是在人家眼中看着长大的，在孩子眼里周围的人也是从小就看惯的。这是一个“熟悉”的社会，没有陌生人的社会。 ⑫在社会学里，我们常分出两种不同性质的社会，一种并没有具体目的，只是因为在一起生长而发生的社会，一种是为了要完成一件任务而结合的社会。用 Tönnies 的话说：前者是 Gemeinschaft，后者是 Gesellschaft；用 Durkheim 的话说：前者是“有机的团结”，后者是“机械的团结”。用我们自己的话说，前者是礼俗社会 [8]，后者是法理社会 [9]。——我以后还要详细分析这两种社会的不同。在这里我想说明的是生活上被土地所囿住的乡民，他们平素所接触的是生而与俱的人物，正像我们的父母兄弟一般，并不是由于我们选择得来的关系，而是无须选择，甚至先我而在的一个生活环境。 ⑬熟悉是从时间里、多方面、经常的接触中所发生的亲密的感觉。这感觉是无数次的小摩擦里陶炼出来的结果。这过程是《论语》第一句里的“习”字。“学”是和陌生事物的最初接触，“习”是陶炼，“不亦说乎”是描写熟悉之后的亲密感觉。在一个熟悉的社会中，我们会得到从心所欲而不逾规矩的自由。这和法律所保障的自由不同。规矩不是法律，规矩是“习”出来的礼俗。从俗即是从心。换一句话说，社会和个人在这里通了家。 ⑭“我们大家是熟人，打个招呼就是了，还用得着多说么？”——这类的话已经成了我们现代社会的阻碍。现代社会是个陌生人组成的社会，各人不知道各人的底细，所以得讲个明白；还要怕口说无凭，画个押，签个字。这样才发生法律。在乡土社会中法律是无从发生的。“这不是见外了么？”乡土社会里从熟悉得到信任。这信任并非没有根据的，其实最可靠也没有了，因为这是规矩。西洋的商人到现在还时常说	[8] 礼俗社会：礼俗社会的特点是社会秩序的维持依靠礼俗的力量，人的行为（主动）受习俗传统的约束。详见第八篇《礼治秩序》。 [9] 法理社会：法理社会的特点是社会秩序的维持依靠法律的力量，人的行为受法律法规的制约。详见第八篇《礼治秩序》。 [10]《论语》记录了孔子与弟子之间关于“孝”的多次对话，例如： 子曰：“父在，观其志；父没，观其行；三年无改于父之道，可谓孝矣。”（《论语·学而》）

续表

原文	解析
中国人的信用是天生的。类于神话的故事真多：说是某人接到了大批瓷器，还是他祖父在中国时订的货，一文不要地交了来，还说着许多不能及早寄出的抱歉话。——乡土社会的信用并不是对契约的重视，而是发生于对一种行为的规矩熟悉到不假思索时的可靠性。 ⑮这自是“土气”的一种特色。因为只有直接有赖于泥土的生活才会像植物一般地在一个地方生下根，这些生了根在一个小地方的人，才能在悠长的时间中，从容地去摸熟每个人的生活，像母亲对于她的儿女一般。陌生人对于婴孩的话是无法懂的，但是在做母亲的人听来都清清楚楚，还能听出没有用字音表达的意思来。 ⑯不但对人，他们对物也是“熟悉”的。一个老农看见蚂蚁在搬家了，会忙着去田里开沟，他熟悉蚂蚁搬家的意义。从熟悉里得来的认识是个别的，并不是抽象的普遍原则。在熟悉的环境里生长的人，不需要这种原则，他只要在接触所及的范围之中知道从手段到目的间的个别关联。在乡土社会中生长的人似乎不太追求这笼罩万有的真理。我读《论语》时，看到孔子在不同人面前说着不同的话来解释“孝”的意义时，我感觉到这乡土社会的特性了。[10] 孝是什么？孔子并没有抽象地加以说明，而列举具体的行为，因人而异地答复了他的学生。最后甚至归结到“心安”两字。做子女的得在日常接触中去摸熟父母的性格，然后去承他们的欢，做到自己的心安。这说明了乡土社会中人和人相处的基本办法。// ⑰这种办法在一个陌生人面前是无法应用的。在我们社会的激速变迁中，从乡土社会进入现代社会的过程中，我们在乡土社会中所养成的生活方式处处产生了流弊。陌生人所组成的现代社会是无法用乡土社会的风俗来应付的。于是“土气”成了骂人的词汇，“乡”也不再是衣锦荣归的去处了。//	孟武伯问孝。子曰：“父母唯其疾之忧。”（《论语·为政》） 子游问孝。子曰：“今之孝者，是谓能养。至于犬马，皆能有养。不敬，何以别乎？”（《论语·为政》） 子夏问孝。子曰：“色难。有事，弟子服其劳；有酒食，先生馔，曾是以为孝乎？”（《论语·为政》） 子曰：“事父母几谏，见志不从，又敬不违，劳而不怨。”（《论语·里仁》） Ⅵ. 第六层（第 17 段）： 在进入现代社会的过程中，乡土社会养成的生活方式产生了流弊。

梳理探究

1. 梳理《乡土本色》一篇的论述层次和内容，设计一幅思维导图，力求简明、清晰。

【解析】

《乡土本色》思维导图示例：

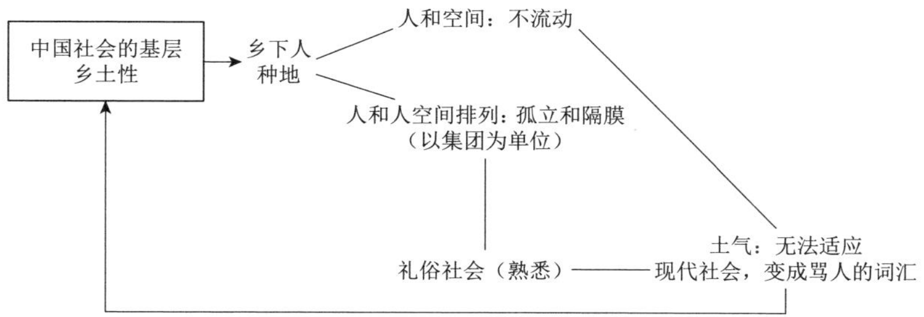

2.《乡土本色》开篇说："从基层上看去，中国社会是乡土性的。"如何理解第一篇提出的"乡土性"和"乡土社会"两个概念？

【解析】

费孝通在《乡土本色》第一段有这样一句表述：“我说中国社会的基层是乡土性的，那是因为我考虑到从这基层上曾长出一层比较上和乡土基层不完全相同的社会，而且在近百年来更在东西方接触边缘上发生了一种很特殊的社会。”全书开篇的表述就生动地体现了学术专著的严谨性。也就是说，由于历史的演变与发展，中国社会呈现了不同类型，而不同类型的社会就会有不同的特性，这是不能简单地用“乡土性”来概括的。但即便如此，中国社会的基层没有改变，乡土性依然是中国社会的“本色”。

所以，“乡土性”指的是中国社会基层的特性，是针对中国社会而言的，并非仅仅针对中国乡村社会；而“乡土社会”是指一种以依赖土地为传统、以农业为主要生产方式的社会，中国的“乡土社会”指的就是基层乡村社会。

3. 根据《乡土本色》一篇，概括总结“乡土社会”的特性。

【解析】

①以农为生，世代定居是常态，迁移是变态，人口几乎不流动；

②聚村而居，团体（村落）之间的关系是孤立和隔膜的；

③“熟悉”社会，人和人相处习从规矩和礼俗。

灵活应用

4.《乡土本色》里举了两个例子：中原人到了草原依旧锄地播种；远在西伯利亚的中国人总是要下些种子，看看能不能种地。现如今，也有很多人喜欢在自家的阳台或者顶楼种菜。不仅如此，我国西沙战士在沙地上成功开辟菜园，中国科考队员在南极也建立了自己的蔬菜温室……请你结合《乡土中国》里的观点阐释这一系列现象。

【解析】

中原农耕民族靠种地谋生，费孝通在《乡土本色》里说：“靠种地谋生的人才明白泥土的可贵。”“土”是乡下人的命根，种地的人一辈子都被庄稼、被土地拴住了，他们对土地有一种亲切的依赖感。无论迁徙到哪里，只有黏着于土地的生活，才会让人心安。这样的情感依赖在漫长的历史岁月中形成了一种文化传统，深深刻在了中国人的记忆中。这也就是《乡土本色》中所说的："据说凡是从这个农业老家里迁移到四围边地上去的子弟，也老是很忠实地守着这直接向土里去讨生活的传统。"因此，在自然环境、历史文化、生活习惯等影响下，不遗余力地滋养开发脚下的土地，成了中国人鲜明的属性、自然的本能。

所以我们看到，中国人无论是在最适宜于放牧的草原，还是在寒冷的西伯利亚，无论是在空间有限的阳台、楼顶，还是在盐碱沙地、遥远南极，都热爱种菜。种菜，对于中国人来说，往往有着比生存需求更为丰富的内涵：象征着家乡，代表着真正的生活。

5. 中国的乡村常常以姓氏命名，比如北京的张各庄、庞各庄，河北的梁各庄、胡各庄，长篇小说《白鹿原》第一章中就出现了"西原巩家村""南原庞家村""北原樊家寨"等村名。读了《乡土本色》一篇，你能解释其中可能的原因吗？

【解析】

"乡村里的人口似乎是附着在土上的，一代一代地下去，不太有变动。""以农为生的人，世代定居是常态，迁移是变态。"由于土地和庄稼无法移动，所以乡村的人口流动性非常小，世代定居是常态。这种不流动带来的是中国农民聚村而居的状态，以家族为聚集基础，在土地平等继承的原则下，家族人口一代一代地积累起来。这样各个村落可能逐渐出现人口比例较大的姓氏。同时，由于地域的限制，群体（村落）之间是孤立与隔膜的。因此，聚村而居的人以“姓”来命名村落，可以增强家族的凝聚力，突出自身的存在价值，便于团结合作，也能达到保卫村落的目的。

拓展阅读

阅读下面三则材料，结合《乡土本色》一篇，写下你的阅读体会。

01 三代

臧克家

孩子
在土里洗澡
爸爸
在土里流汗
爷爷
在土里埋葬

02 农耕民族

海子

在发蓝的河水里
洗洗双手
洗洗参加过古代战争的双手

围猎已是很遥远的事
不再适合
我的血
把我的宝剑
盔甲
以至王冠
都埋进四周高高的山上
北方马车
在黄土的情意中住了下来
而以后世代相传的土地
正睡在种子袋里

03 牛汉散文《绵绵土》片段

半个世纪以前，地处滹沱河上游苦寒的故乡，孩子都诞生在铺着厚厚的绵绵土的炕上。我们那里把极细柔的沙土叫作绵绵土。“绵绵”是我一生中觉得最温柔的一个词，词典里查不到，即使查到也不是我说的意思。孩子必须诞生在绵绵土上的习俗是怎样形成的，祖祖辈辈的先人从没有想过，它是圣洁的领域，谁也不敢亵渎。它是一个无法解释的活的神话。我的祖先们一定在想：人，不生在土里沙里，还能生在哪里？就像谷子是从土地里长出来一样地不可怀疑。

因此，我从母体落到人间的那一瞬间，首先接触到的是沙土，沙土在热炕上烙得暖乎乎的。我的润湿的小小的身躯因沾满金黄的沙土而闪着晶亮的光芒，就像成熟的谷穗似的。接生我的仙园老姑姑那双大而灵巧的手用绵绵土把我抚摸得干干净净，还凑到鼻子边闻了又闻，“只有土能洗掉血气”，她常常说这句话。

我们那里的老人们都说，人间是冷的，出世的婴儿当然要哭闹，但一经触到了与母体里相似的温暖的绵绵土，生命就像又回到母体里安生地睡去。我相信，老人们这些诗一样美好的话，并没有什么神秘。

【阅读体会】

02 无需文字的社会

概念阐释

费孝通在《乡土本色》中指出：“这是一个‘熟悉’的社会，没有陌生人的社会。”乡土社会里，人都是在熟人里长大的：“生活上被土地所囿住的乡民，他们平素所接触的是生而与俱的人物，正像我们的父母兄弟一般，并不是由于我们选择得来的关系，而是无须选择，甚至先我而在的一个生活环境。”在《文字下乡》这一篇中，费孝通引用了一个社会学概念来进一步解释“熟人”社会：“面对面社群”（Face-to-face Group）。在“面对面社群”里，生活上互相合作的人都是天天见面的，因此就产生了一些很有意思的现象。比如社交生活中常常不用报“贵姓大名”，因为熟悉的人完全可以凭借声气、足声甚至气味来辨人。

《文字下乡》一篇，作者就是在“面对面社群”这一基础上来论述文字对于乡土社会是否必要的。费孝通指出，文字发生在人和人传情达意的过程中受到了空间和时间的阻隔的情境里。从空间上来说，乡土社会的人们总是可以面对面，那么文字就多余了；“不但多余，而且有时会词不达意引起误会的”，这与其本身的缺陷有关。所以，对于乡土社会，面对面直接接触的语言比文字这一间接说话的工具要更加完善。而且，一个社群在共同经验的基础上往往会形成共同语言，更小的群体还会有自己的特殊语言，再辅以熟悉的声音、表情、动作等象征原料，就可以形成一种不依赖于文字而能使群体内部交流更为便捷、有效的“特殊语言”。因此，费孝通在该篇结尾总结道：“文字和语言，只是传情达意的一种工具，并非唯一的工具；而且这工具本身是有缺陷的，能传的情、能达的意是有限的。”

在《再论文字下乡》中，费孝通又从时间的角度来阐述乡土社会与文字的疏离。文章从个人的今昔之隔与社会的世代之隔两个方面入手，分析了人类跨越时间阻隔的方式。象征体系中的“词”为人跨越时间阻隔搭建了最重要的桥梁。个人要打破今昔之隔，需要凭借学习，学习要依靠记忆，而人的记忆之所以能和动物区分开来，靠的正是“词”；社会要打破世代之隔，需要社会共同经验的累积，也就是文化的传承，这同样要依靠“词”。

但是费孝通认为，词不一定要是文字，也可以是语言。因为乡土社会具有安定、历世不移的特点，社会生活已经定型，“经验无需不断积累，只需老是保存”，所以“在这种社会里，语言是足够传递世代间的经验了”。因此，从时间这一角度来说，乡土社会也没有用文字来帮助社会生活的需要。

在文章的结尾部分，费孝通指出，最早的文字就是庙堂性的，并不在基层上发生，“一直到目前还不是我们乡下人的东西”。最后，作者强调，只有中国社会乡土性的基层发生了变化之后，文字才能下乡。

原文解析

《文字下乡》

原文	解析
①乡下人在城里人眼睛里是“愚”的。我们当然记得不少提倡乡村工作的朋友们，把愚和病贫联结起来去作为中国乡村的症候。关于病和贫我们似乎还有客观的标准可说，但是说乡下人“愚”，却是凭什么呢？乡下人在马路上听见背后汽车连续地按喇叭，慌了手脚，东避也不是，西躲又不是，司机拉住闸车，在玻璃窗里，探出半个头，向着那土老头儿，啐了一口：“笨蛋！”——如果这是愚，真冤枉了他们。我曾带了学生下乡，田里长着包谷，有一位小姐，冒充着内行，说：“今年麦子长得这么高。”旁边的乡下朋友，虽则没有啐她一口，但	Ⅰ. 第一层（第1～5段）： 分析“乡下人在城里人眼睛里是‘愚’的”这一观念的产生原因和认识错误，认为“识字不识字并非愚不愚的标准”，由此引出乡下生活是否需要文字的话题。

续表

原文	解析
是微微地一笑，也不妨译作“笨蛋”。乡下人没有见过城里的世面，因之而不明白怎样应付汽车，那是知识问题，不是智力问题，正等于城里人到了乡下，连狗都不会赶一般。如果我们不承认郊游的仕女们一听见狗吠就变色是“白痴”，自然没有理由说乡下人不知道“靠左边走”或“靠右边走”等时常会因政令而改变的方向是因为他们“愚不可及”了。“愚”在什么地方呢？ ②其实乡村工作的朋友说乡下人愚那是因为他们不识字，我们称之曰“文盲”[1]，意思是白生了眼睛，连字都不识。这自然是事实。我决不敢反对文字下乡的运动，可是如果说不识字就是愚，我心里总难甘服。“愚”如果是智力的不足或缺陷，识字不识字并非愚不愚的标准。智力是学习的能力。如果一个人没有机会学习，不论他有没有学习的能力还是学不到什么的。我们是不是说乡下人不但不识字，而且识字的能力都不及人呢？ ③说到这里我记起了疏散在乡下时的事来了。同事中有些孩子送进了乡间的小学，在课程上这些孩子样样比乡下孩子学得快、成绩好。教员们见面时总在家长面前夸奖这些孩子们有种、聪明。这等于说教授们的孩子智力高。我对于这些恭维自然是私心窃喜。穷教授别的已经全被剥夺，但是我们还有别种人所望尘莫及的遗传。但是有一天，我在田野里看放学回来的小学生们捉蚱蜢，那些“聪明”而有种的孩子，扑来扑去，屡扑屡失，而那些乡下孩子却反应灵敏，一扑一得。回到家来，刚才一点骄傲似乎又没有了着落。 ④乡下孩子在教室里认字认不过教授们的孩子，和教授们的孩子在田野里捉蚱蜢捉不过乡下孩子，在意义上是相同的。我并不责备自己孩子蚱蜢捉得	[1]“文盲”：中国传统重视“识字教育”，但主要存在于私塾，很大程度上是针对志在参加科考的“士子”，普及面十分有限。近代以前，读书识字限于少数精英阶层，绝大多数百姓尤其是农民都是“文盲”。黄贵祥在《文盲字汇研究》一书中认为：“文盲就是缺乏生活必需最低限度的文字知具的人。简言之，文盲就是缺文字知具的人。”而“扫盲”就是“使文盲拥有生活必需的最低限度的文字知具的教育，或者说是授文盲以文字知具的教育”。

续表

原文	解析
少，第一是我们无须用蚱蜢来加菜（云南乡下蚱蜢是下饭的，味道很近于苏州的虾干），第二是我的孩子并没有机会练习。教授们的孩子穿了鞋袜，为了体面，不能不择地而下足，弄污了回家来会挨骂，于是在他们捉蚱蜢时不免要有些顾忌，动作不活灵了。这些也许还在其次，他们日常并不在田野里跑惯，要分别草和虫，须费一番眼力，蚱蜢的保护色因之易于生效。——我为自己孩子所作的辩护是不是同样也可以用之于乡下孩子在认字上的“愚”么？我想是很适当的。乡下孩子不像教授们的孩子到处看见书籍，到处接触着字，这不是他们日常所混熟的环境。教授们的孩子并不见得一定是遗传上有什么特别善于识字的能力，显而易见的却是有着易于识字的环境。这样说来，乡下人是否在智力上比不上城里人，至少还是个没有结论的题目。[2]	[2] 这里费孝通对于城乡孩子差异性的理解体现了一位学术工作者的同理心，令人尊敬。城里孩子（教授们的孩子）和乡下孩子，因为环境差异见识不同，二者各有特长，并不涉及谁愚谁智的问题。
⑤这样看来，乡村工作的朋友们说乡下人愚，显然不是指他们智力不及人，而是说他们知识不及人了。这一点，依我们上面所说的，还是不太能自圆其说。至多是说，乡下人在城市生活所需的知识上是不及城市里人多。这是正确的。我们是不是也因之可以说乡下多文盲是因为乡下本来无需文字眼睛呢？说到这里，我们应当讨论一下文字的用处了。[3]//	[3] 从乡下人在城市生活所需的知识少转到文章主题：文字下乡。
⑥我在上一篇里说明了乡土社会的一个特点就是这种社会的人是在熟人里长大的。用另一句话来说，他们生活上互相合作的人都是天天见面的。在社会学里我们称之作 Face-to-face Group，直译起来是“面对面的社群”。归有光的《项脊轩记》里说，他日常接触的老是那些人，所以日子久了可以用脚步声来辨别来者是谁。[4] 在“面对面的社群”里甚至可以不必见面而知道对方是谁。我们自己虽说是已经多少在现代都市里住过一时了，但是一不留心，	Ⅱ. 第二层（第 6～7 段）： 乡土社会属于“面对面社群”，人们可以通过足声、声气甚至气味交流，不常使用姓名。乡土社会是典型的“熟人”社会。

续表

原文	解析
乡土社会里所养成的习惯还是支配着我们。你不妨试一试，如果有人在你门上敲着要进来，你问："谁呀！"门外的人十之八九回答你一个大声的"我"。这是说，你得用声气辨人。在"面对面的社群"里一起生活的人是不必通名报姓的。很少太太会在门外用姓名来回答丈夫的发问。但是我们因为久习于这种"我呀！""我呀！"的回答，也很有时候用到了门内人无法辨别你声音的场合。我有一次，久别家乡回来，在电话里听到了一个无法辨别的"我呀"时，的确闹了一个笑话。	[4]《项脊轩记》即《项脊轩志》，此句原文为："轩东故尝为厨。人往，从轩前过。余扃牖而居，久之能以足音辨人。"
⑦"贵姓大名"是因为我们不熟悉而用的。熟悉的人大可不必如此，足声、声气，甚至气味，都可以是足够的"报名"。我们社交上姓名的不常上口也就表示了我们原本是在熟人中生活的，是个乡土社会。//	Ⅲ. 第三层（第 8 ～ 12 段）： 在面对面直接接触的社会，文字在传情达意上有限制和缺陷。在乡土社会，语言是比文字更完善的工具。
⑧文字发生之初是"结绳记事"[5]，需要结绳来记事是因为在空间和时间中人和人的接触发生了阻碍。我们不能当面讲话，才需要找一些东西来代话。在广西的瑶山里，部落有急，就派了人送一枚铜钱到别的部落里去，对方接到了这记号，立刻派人来救。这是"文字"，一种双方约好代表一种意义的记号。如果是面对面可以直接说话时，这种被预先约好的意义所拘束的记号，不但多余，而且有时会词不达意引起误会的。在十多年前青年们讲恋爱，受着直接社交的限制，通行着写情书，很多悲剧是因情书的误会而发生的。有这种经验的人必然能痛悉文字的限制。	[5] 结绳记事指文字产生以前，远古时代的人类通过在绳子上打结的方式来记录事情和传播信息。
⑨文字所能传的情、达的意是不完全的。这不完全是出于"间接接触"的原因。我们所要传达的情意是和当时当地的外局相配合的。你用文字把当时当地的情意记了下来，如果在异时异地的圜局[6]中去看，所会引起的反应很难尽合于当时当地的圜	

续表

原文	解析
局中可能引起的反应。文字之成为传情达意的工具常有这个无可补救的缺陷。于是在利用文字时，我们要讲究文法，讲究艺术。文法和艺术就在减少文字的“走样”。[7]	[6] 圜局：周围的环境。 [7] 文法可以让文字的表达更加科学和准确，艺术则能让文字在传情达意上更加贴切和细腻。
⑩在说话时，我们可以不注意文法。并不是说话时没有文法，而是因为我们有着很多辅助表情来补充传达情意的作用。我们可以用手指指着自己而在话里吃去一个“我”字。在写作时却不能如此。于是我们得尽量地依着文法去写成完整的句子了。不合文法的字词难免引起人家的误会，所以不好。说话时我们如果用了完整的句子，不但显得迂阔，而且可笑。这是从书本上学外国语的人常会感到的痛苦。	
⑪文字是间接的说话，而且是个不太完善的工具。当我们有了电话、广播的时候，书信文告的地位已经大受影响。等到传真的技术发达之后，是否还用得到文字，是很成问题的。	
⑫这样说来，在乡土社会里不用文字绝不能说是“愚”的表现了。面对面的往来是直接接触，为什么舍此比较完善的语言而采取文字呢？ //	
⑬我还想在这里推进一步说，在“面对面社群”里，连语言本身都是不得已而采取的工具。语言本是用声音来表达的象征体系。象征是附着意义的事物或动作。我说“附着”是因为“意义”是靠联想作用加上去的，并不是事物或动作本身具有的性质。这是社会的产物，因为只有在人和人需要配合行为的时候，个人才需要有所表达；而且表达的结果必须使对方明白所要表达的意义。所以象征是包括多数人共认的意义，也就是这一事物或动作会在多数人中引起相同的反应。因之，我们绝不能有个人的语言，只能有社会的语言。[8] 要使多数人能对同一	Ⅳ. 第四层（第 13～18 段）： “面对面社群”里有“特殊语言”，还有更多可用来做象征体系的原料。所以在乡土社会中，不但文字是多余的，连语言都并不是传达情意的唯一象征体系。

续表

原文	解析
象征具有同一意义，他们必须有着相同的经历，就是说在相似的环境中接触和使用同一象征，因而在象征上附着了同一意义。因此在每个特殊的生活团体中，必有他们特殊的语言，有许多别种语言所无法翻译的字句。 ⑭语言只能在一个社群所有相同经验的一层上发生。群体愈大，包括的人所有的经验愈繁杂，发生语言的一层共同基础也必然愈有限，于是语言也愈趋于简单化。这在语言史上看得很清楚的。	[8]这里阐释的正是语言的社会性（群体性）特征。从功能主义出发，语言的出现正是因为社会交流（人际交往）的需要。
⑮可是从另一方面说，在一个社群所用的共同语言之外，也必然会因个人间的需要而发生许多少数人间的特殊语言，所谓“行话”。行话是同行人中的话，外行人因为没有这种经验，不会懂的。在每个学校里，甚至每个寝室里，都有他们特殊的语言。最普遍的特殊语言发生在母亲和孩子之间。[9] ⑯“特殊语言”不过是亲密社群中所使用的象征体系的一部分，用声音来作象征的那一部分。在亲密社群中可用来作象征体系的原料比较多。表情、动作，因为在面对面的情境中，有时比声音更容易传情达意。即使用语言时，也总是密切配合于其他象征原料的。譬如：我可以和一位熟人说：“真是那个！”同时眉毛一皱，嘴角向下一斜，面上的皮肤一紧，用手指在头发里一插，头一沉，对方也就明白“那个”是“没有办法”“失望”的意思了。如果同样的两个字用在另一表情的配合里，意义可以完全不同。 ⑰“特殊语言”常是特别有效，因为它可以摆脱字句的固定意义。语言像是个社会定下的筛子，如果我们有一种情意和这筛子的格子不同也就漏不过去。我想大家必然有过“无言胜似有言”的经验。其实这个筛子虽则帮助了人和人间的了解，而同时	[9]群体的大小不同，大群体有共同的语言，比如中国的普通话；小群体也有自己的语言，比如中国各地的方言。小群体里还有更小的群体，比如文中所说的每个学校、每个寝室，再比如母亲和孩子等。 [10]李长吉，即李贺，字长吉。唐中期浪漫主义诗人，与诗仙李白、李商隐合称为“唐代三李”。诗作想象极为丰富新奇，常引用神话传说托古寓今，被后人誉为“诗鬼”，留下了“黑云压城城欲摧”

续表

原文	解析
也使人和人间的情意公式化了，使每一人、每一刻的实际情意都走了一点样。我们永远在削足适履，使感觉敏锐的人怨恨语言的束缚。李长吉[10]要在这束缚中去求比较切近的表达，难怪他要呕尽心血了。 ⑱于是在熟人中，我们话也少了，我们“眉目传情”，我们“指石相证”，我们抛开了比较间接的象征原料，而求更直接的会意了。所以在乡土社会中，不但文字是多余的，连语言都并不是传达情意的唯一象征体系。//	“雄鸡一声天下白”“天若有情天亦老”等千古佳句。
⑲我绝不是说我们不必推行文字下乡，在现代化的过程中，我们已开始抛离乡土社会，文字是现代化的工具。我要辨明的是乡土社会中的文盲，并非出于乡下人的“愚”，而是由于乡土社会的本质。而且我还愿意进一步说，单从文字和语言的角度去批判一个社会中人和人的了解程度是不够的，因为文字和语言，只是传情达意的一种工具，并非唯一的工具；而且这工具本身是有缺陷的，能传的情、能达的意是有限的。所以在提倡文字下乡的人，必须先考虑到文字和语言的基础，否则开几个乡村学校和使乡下人多识几个字，也许并不能使乡下人“聪明”起来。//	V. 第五层（第19段）： 作者并不反对文字下乡，而是认为必须先考虑到文字和语言的基础。

梳理探究

1. 费孝通在《文字下乡》第18段得出一个结论：“所以在乡土社会中，不但文字是多余的，连语言都并不是传达情意的唯一象征体系。”请阅读全文，分条概括原因。

【解析】

“文字是多余的”：

①文字的出现是为了克服时空中人与人接触的阻碍，但乡土社会是“面对面社群”，文字的这一功能是多余的；

②文字所能传的情、达的意容易受时空影响，有无可补救的缺陷，借助文法和艺术才能减少“走样”；

③文字是间接的说话，是不太完善的工具，电话、广播、传真等技术的使用大大影响了书信文告的地位。

“连语言都并不是传达情意的唯一象征体系”：

①在一个社群所用的共同语言之外，小群体还会有自己的特殊语言（“行话”）；

②亲密社群中可用来做象征体系的原料比较多，比如声音、表情、动作等象征原料，可以摆脱字句的固定意义。

综上所述，“熟人”社会可以抛开比较间接的象征原料而求更直接的会意，因此费孝通在《文字下乡》中提出：“所以在乡土社会中，不但文字是多余的，连语言都并不是传达情意的唯一象征体系。”

2. 阅读《文字下乡》与《再论文字下乡》两篇文章，梳理写作思路，将两篇文章合并成一幅思维导图，注意提取主要观点，理清观点之间的逻辑关系，力求简明、清晰。

【解析】

（示例 1）

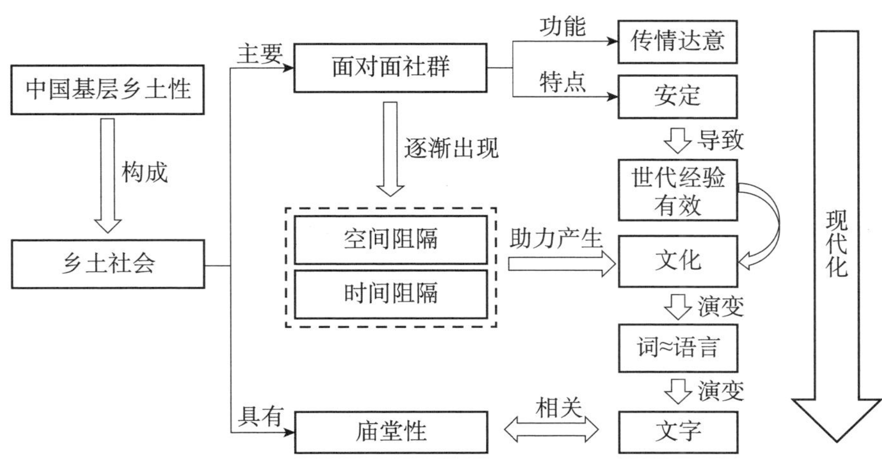
中国基层乡土性
构成
乡土社会
主要
面对面社群
功能
传情达意
特点
安定
逐渐出现
空间阻隔
时间阻隔
助力产生
导致
世代经验有效
文化
演变
词≈语言
演变
具有
庙堂性
相关
文字
现代化

（示例2）

	现代都市 （借助文字的社会）	乡土社会 （无需文字的社会）
空间	空间阻隔 ↓ 文字 ↓ 有限制（不完善） 间接接触 语境缺失	（熟人）面对面 语言（较完善） “特殊语言” 其他象征语料 表情、动作
时间 个人今昔 社会世代 ↓ ↓ 学习 文化 ↓ 记忆 词 不一定要有文字	常常变动 ↓ 记忆力不够 ↓ 文字	历世不变、经验不变 ↓ 不怕忘 ↓ 语言足够 ↓ 无需文字

灵活应用

3. 结合《文字下乡》《再论文字下乡》两篇文章的观点，你认为，文字对于我们当今这个时代的农村是否多余？请解释你的观点，要求有理有据。

【解析】

乡土社会中文字是否多余这个问题应该结合具体情境来谈。在传统保守的乡土社会里，人们从事的活动主要围绕着农业生产，人口的流动性不大。在相对固定的生活空间里，人们彼此熟悉，可以使用除文字之外的其他多种方式进行交流，文字不是必要的交流工具，正如费孝通在两篇文章中所论述的，文字是多余的。

但是，随着乡土社会向现代社会迈进，人们生活的地域空间在扩大，人口流动性增大，“熟人社会”向“陌生人社会”转变，生产方式也由第一产业向第二、第三产业拓展，并逐渐与新兴科技相结合，农民原有的个体化的经验知识，已不足以应对现代化的生产生活。在这种情境之下，文字能够克服时空阻碍，将人类在生产生活中积累的宝贵经验和最新的科研成果记录下来，并传承下去。农民通过识字学习，进而可以阅读书籍、掌握相关知识技术，实现由传统农民向现代职业农民的转变。因此，在这一过程中，文字非但不是多余的，而且是提高农业生产力、培养新型职业农民、实现传统农业向现代农业转变的工具。文字下乡，知识才能下乡，才能改变农民的思想观念，真正实现科技下乡，才能从根本上给农民的生活带来提升。

拓展阅读

阅读下面的这篇文章，结合《文字下乡》《再论文字下乡》两篇，写下你的阅读体会。

从“文字下乡”到“文学下乡”（节选）

——谈历史视野下的脱贫攻坚与新乡村书写

丁晓平

2020年是全面建成小康社会的收官之年，也是脱贫攻坚任务进入“最后一公里”的决胜时刻。在这项伟大斗争、伟大工程面前，文学没有缺席，也不能缺席。如何完成历史视野下的脱贫攻坚与新乡村书写，也即如何完成新时代乡土中国书写，是摆在作家面前的重要课题。

对日新月异的中国来说，乡土中国书写依然是新鲜的。费孝通先生在《乡土中国》中论述文字下乡的问题时说：“如果中国社会乡土性的基层发生了变化，也只有发生了变化之后，文字才能下乡。”显然，当下的中国社会乡土性的基层早已发生了深刻变化。费孝通先生笔下20世纪40年代的那个“乡土中国”早已成为历史。文字早已下乡，城乡差距正在努力缩小，乡土中国正阔步迈在乡村振兴的道路上。新时代的中国，已经不再是“文字下乡”的问题，而是要解决如何从历史的视野完成新时代乡土中国书写，可谓是“文学下乡”的问题……

以文学观照现实，照亮生活

历史是一条长河，洪流滚滚，不可阻挡。身处伟大的新时代，中国人民每一天都在创造历史，我们每一天都身处创造历史的现场。如何讲好当代乡土中国故事，真实呈现新乡村的发展变化，文学必须紧紧抓住中国社会的主要矛盾，用马克思主义唯物辩证法，以历史的眼光来观察和审视扶贫攻坚工作的艰巨性、创造性，以及其深远的历史意义和现实意义。

努力使“老少边穷”地区摆脱贫困，始终是党和政府念兹在兹的伟大梦想……我们作家要以人民为中心，深入生活、扎根人民，通过调查研究，实事求是，一切从实际出发，紧紧围绕新时代中国社会主要矛盾已经转化为人民日益增长的美好生活需要和不平衡不充分的发展之间的矛盾，来寻找答案，以文学观照现实，照亮生活。

社会主要矛盾是社会发展进步的坐标原点，也是考察乡土中国的晴雨表。实施精准扶贫，推进乡村振兴战略，正是解决中国社会主要矛盾的重要方略之一。只有抓住脱贫攻坚的主要矛盾，才能抓住中国农业、农民和农村问题的命脉，才能深刻理解新时代赋予脱贫攻坚的现实意义。革命老区和老区人民为中国革命曾做出巨大牺牲和贡献，是我们的“精神高地”，但他们的经济生活也曾长期处于“洼地”，形成了巨大的反差。如何描写和叙述这个反差，解析它的历史原因、过程和结果，准确阐释今昔之间、世代之间的发展背景、进程和方向，探析解决不平衡不充分发展问题的路径，以及新乡村的历史性巨变，正是文学需要着力开掘的地方。

以文学引导新乡村不断向善、向上、向好

贫困是人类社会发展肌体上的一个痼疾，是一种历史现象，也是一种世界现象，不仅发展中国家深陷其中，发达国家也难以规避。能否摆脱贫困？如何摆脱贫困？这是整个人类面临的重大课题，而中国交出了一份合格的答卷。因此，脱贫攻坚和新乡村应该是当代中国文学最值得关注、最值得书写的领域之一，可谓是一座富矿。

新中国成立以来，尤其是改革开放40多年来，中国扶贫工作的伟大实践经历了不同的历史阶段，从救济式扶贫到开发式扶贫，再到新时代确立的精准扶贫、精准脱贫基本方略，开辟了中国特色减贫道路，为共建没有贫困、共同发展的人类命运共同体贡献了中国智慧和中国方案，也为历史视野下的新时代乡土中国书写提供了无限可能。也就是说，只有把脱贫攻坚纳入改革开放的国家战略之中，我们的文学创作才能获得历史的纵深感、鲜活的生命力和磅礴的创造力。

发展是甩掉贫困帽子的总办法。中国始终在发展的基础上根据阶段性目标，力所能及地将发展资源向贫困地区和贫困群众倾斜，推动扶贫工作从“输血式”向“造血式”转变，引导人民群众既扶贫又扶志，实行“志智双扶”，从根本上医治贫困顽疾。“神居胸臆，而志气统其关键”。脱贫致富贵在立志，只要有志气、有信心，就没有迈不过去的坎……因此，新时代乡土中国书写，要看到人民群众在摆脱贫困的伟大实践中，不仅“口袋富起来”了，而且“脑袋富起来”了。现在正处于从脱贫攻坚迈向乡村振兴的过渡期，在这个崭新的历史现场，我们要用文学倡导社会主义核心价值观，发现崭新的线索、塑造崭新的人物、记录崭新的实践、讲述崭新的故事，引导新乡村不断向善、向上、向好发展，丰富人民的精神世界，增强人民的精神力量。

文学要抓住新乡村发展变化的主轴

新时代的文学，是社会主义文学，是人民的文学。近年来，乡村叙事比较流行。但值得警惕的是，中国当代文学受西方文学和西方价值观的影响，热衷于小我情调、沉醉于私人经验、泛滥于欲望消费、自卑于微观叙事、沉沦于历史虚无、重复于生活碎片，失去了标准、体统、深邃和辽阔。一些作家的乡土中国书写沉浸于顾影自怜、无病呻吟，甚至“挂羊头卖狗肉”，打着非虚构的幌子贩卖营销其虚构的乡土之作。他们或以微观叙事、口述史、田野调查的名义，编造行政区划根本找不到的村庄或者子虚乌有的人物，夸大农村发展过程中出现的一些阶段性问题；或念叨着西方确立的一套所谓的“标准”，把“别人的故事”移花接木为“我的世界”，再用显微镜放大乡村存在的非主流东西；或把琐碎、落后的个案典型化，别有用心地遮蔽、忽略乡村的发展进步和整体的真善美。

尤其需要批判的是，有的作品以“先验的意识形态、文化观念”进行语言“编码”，经过雕琢、修饰之后，“把许多毫无联系的、没有生机的材料变成故事”，再通过“隐喻”的手段呈现出一个“非虚构”的地方，并且把“中国”套装进去。此类作品中弥漫的“乡愁”，聚焦于乡土的破败和迷失，以及人性的弱点和暗处，带着戾气、怨气、娇气，十分矫情。而对于父老乡亲对美好生活的向往、在奔小康道路上奋斗的身影，它们却选择视而不见。

“你若光明，中国便不再黑暗。”新时代乡土中国书写，绝不是虚构的隐喻所能遮蔽和表达的，也不是口口声声以“救赎自己”来为新乡村唱挽歌。当然，对于新乡村发展中出现的问题，必须要正视，就像需要正视阳光下的阴影一样。因此，新时代乡土中国书写应该像费孝通先生所说的那样，“我们不但要在个人的今昔之间筑通桥梁，而且在社会的世代之间也得筑通桥梁，不然就没有了文化，也没有了我们现在所能享受的生活”。

新时代乡土中国书写要紧紧抓住社会发展的主要矛盾和矛盾的

主要方面，抓住脱贫攻坚伟大工程的主题、主流，抓住新乡村发展变化的主轴、主体，既要记得住乡愁，又要反映出人民对美好生活的向往，不然，我们的文学就无法阐释中国已经发生和正在发生的伟大变化，就不能跟上新时代的铿锵步伐。

《光明日报》（2020年1月1日第6版）

【阅读体会】

03 差序格局

概念阐释

在《差序格局》一篇中，费孝通从中国社会普遍存在的“私”的现象谈起，从而引出群己、人我的界限怎样划法的问题，由此讨论整个社会结构的格局。文章借助与西洋社会格局的比较，以譬喻的方法生动形象地阐释了乡土社会格局的特点，创造性地提出了“差序格局”这一概念。“差序格局”是对中国传统社会形态的高度概括，是对中国乡土社群关系的高度总结，因此成为中国社会学研究极其重要的本土概念。

正如《差序格局》中所举的经典譬喻：“在我看来却表示了我们的社会结构本身和西洋的格局是不相同的，我们的格局不是一捆一捆扎清楚的柴，而是好像把一块石头丢在水面上所发生的一圈圈推出去的波纹。”“差序”指一种有差等的次序，但它并不是某种阶级差异，而是一种常见但又很复杂的社会关系。中国传统社会中，每个人都以“己”为中心，再依据自己与所有人的关系向外不断辐射，最后形成一张庞大的社会关系网络。在这个网络中，“己”和别人所联系成的社会关系，“不像团体中的分子一般大家立在一个平面上的，而是像水的波纹一般，一圈圈推出去，愈推愈远，也愈推愈薄”。“差序格局”概括出了中国人之间以自己为中心的远近厚薄关系。

在论述社会关系时，文章重点关注了乡土社会中非常重要的两种关系：亲属关系和地缘关系。“从生育和婚姻所结成的网络，可以一直推出去包括无穷的人，过去的、现在的和未来的人物。”举个例子，一男一女，结婚组建了家庭之后，关系开始向两个方向进行辐射：一是生养孩子，传宗接代；二是结识妻子或者丈夫家里的各种亲戚。文章以亲属关系和地缘关系为例，论述了“差序格局”的伸缩能力：“这富于伸缩的社会圈子会因中心势力的变化而大小”。

“差序格局”的内涵不仅停留在人际关系上，还包含了更大范围的社会结构。围绕中国社会结构基本特性的问题，费孝通从儒家最考究的“伦”入手，层层深入地展开论述，阐释了“差序格局”中有差等的次序、以“己”为中心的自我主义、群己界限模糊等特点。

最后，作者回到了文章开头提出的公与私的问题，指出“差序格局”中公和私是相对而言的。并且，这种格局使人们注重“克己”，不会去“克群”。由此引出的道德问题在接下来的《系维着私人的道德》一篇中进行了详细论述。

原文解析

《差序格局》

原文	解析
①在乡村工作者看来，中国乡下佬最大的毛病是“私”。说起私，我们就会想到“各人自扫门前雪，莫管他人屋上霜”的俗语。谁也不敢否认这俗语多少是中国人的信条。其实抱有这种态度的并不只是乡下人，就是所谓城里人，何尝不是如此。扫清自己门前雪的还算是了不起的有公德的人，普通人家把垃圾在门口的街道上一倒，就完事了。苏州人家后门常通一条河，听来是最美丽也没有了，文人笔墨里是中国的威尼斯。可是我想天下没有比苏州城里的水道更脏的了。什么东西都可以向这种出路本来不太畅通的小河沟里一倒，有不少人家根本就不必有厕所。明知人家在这河里洗衣洗菜，毫不觉得有什么需要自制的地方。为什么呢？——这种小河是公家的。	I. 第一层（第 1 ~ 3 段）： 从中国社会普遍存在的“私”的现象引出“群己”“人我”的界限怎样划法的问题，由此讨论整个社会结构的格局。
②一说是公家的，差不多就是说大家可以占一点便宜的意思，有权利而没有义务了。小到两三家合住的院子，公共的走廊上照例是尘灰堆积，满院生了荒草，谁也不想去拔拔清楚，更难以插足的自然是厕所。没有一家愿意去管“闲事”，谁看不惯，谁就得白服侍人，半声谢意都得不到。于是像格兰亨姆的公律[1]，坏钱驱逐好钱一般，公德心就在这里被自私心驱走。	[1] 格兰亨姆的公律即旧币驱逐新币定律。在生活中，不少人总是把新的钱币留起来，先花破旧的钱币，从而造成新币的流通不如旧币频繁，新币就像是被旧币赶出了

续表

原文	解析
③从这些事上来说，私的毛病在中国实在比愚和病更普遍得多，从上到下似乎没有不害这毛病的。现在已成了外国舆论一致攻击我们的把柄了。所谓贪污无能，并不是每个人绝对的能力问题，而是相对的，是从个人对公家的服务和责任上说的。中国人并不是不善经营，只要看南洋那些华侨在商业上的成就，西洋人谁不侧目？中国人更不是无能，对于自家的事，抓起钱来，拍起马来，比哪一个国家的人能力都大。因之这里所谓“私”的问题却是个群己、人我的界限怎样划法的问题。我们传统的划法，显然是和西洋的划法不同。因之，如果我们要讨论私的问题就得把整个社会结构的格局提出来考虑一下了。//	流通市场。这里用来比喻公德心被自私心驱走。 Ⅱ. 第二层（第 4 段）： 以捆柴为喻，解释西方社会团体格局的特征。
④西洋的社会有些像我们在田里捆柴，几根稻草束成一把，几把束成一扎，几扎束成一捆，几捆束成一挑。每一根柴在整个挑里都属于一定的捆、扎、把。每一根柴也可以找到同把、同扎、同捆的柴，分扎得清楚不会乱的。在社会，这些单位就是团体。我说西洋社会组织像捆柴就是想指明：他们常常由若干人组成一个个的团体。团体是有一定界限的，谁是团体里的人，谁是团体外的人，不能模糊，一定分得清楚。在团体里的人是一伙，对于团体的关系是相同的，如果同一团体中有组别或等级的分别，那也是事先规定的。我用捆柴来比拟，有一点不太合适，就是一个人可以参加好几个团体，而好几扎柴里都有某一根柴当然是不可能的，这是人和柴不同的地方。我用这譬喻是在想具体一些使我们看到社会生活中人和人的关系的一种格局。我们不妨称之作团体格局。//	Ⅲ. 第三层（第 5～6 段）： 以家庭为例，解释西方社会与中国社会团体界限的不同。
⑤家庭在西洋是一种界限分明的团体。如果有一位朋友写信给你说他将要“带了他的家庭”一起来看你，他很知道要和他一同来的是哪几个人。在中国，这句话是含糊得很。在英美，家庭包括他和他的妻以及未成年的孩子。如果他只和他太太一起	

续表

原文	解析
来，就不会用“家庭”。在我们中国“阖第光临”虽则常见，但是很少人能说得出这个“第”字究竟应当包括些什么人。	
⑥提到了我们的用字，这个“家”字可以说最能伸缩自如了。“家里的”可以指自己的太太一个人；“家门”可以指伯叔侄子一大批；“自家人”可以包罗任何要拉入自己的圈子，表示亲热的人物。自家人的范围是因时因地可伸缩的，大到数不清，真是天下可成一家。//	Ⅳ. 第四层（第7～9段）： 以同心圆水波纹为喻，以亲属关系、地缘关系为例，解释中国传统社会差序格局的特征。
⑦为什么我们这个最基本的社会单位的名词会这样不清不楚呢？在我看来却表示了我们的社会结构本身和西洋的格局是不相同的，我们的格局不是一捆一捆扎清楚的柴，而是好像把一块石头丢在水面上所发生的一圈圈推出去的波纹。每个人都是他社会影响所推出去的圈子的中心。被圈子的波纹所推及的就发生联系。每个人在某一时间某一地点所动用的圈子是不一定相同的。	
⑧我们社会中最重要的亲属关系就是这种丢石头形成同心圆波纹的性质。亲属关系是根据生育和婚姻事实所发生的社会关系。从生育和婚姻所结成的网络，可以一直推出去包括无穷的人，过去的、现在的和未来的人物。我们俗语里有“一表三千里”[2]，就是这个意思，其实三千里者也不过指其广袤的意思而已。这个网络像个蜘蛛的网，有一个中心，就是自己。我们每个人都有这么一个以亲属关系布出去的网，但是没有一个网所罩住的人是相同的。在一个社会里的人可以用同一个体系来记认他们的亲属，所同的只是这体系罢了。体系是抽象的格局，或是范畴性的有关概念。当我们用这体系来认取具体的亲亲戚戚时，各人所认的就不同了。我们在亲属体系里都有父母，可是我的父母却不是你	[2]“一表三千里”出自民间俗语“一表三千里，一堂五百年”，同姓的旁系兄弟姐妹称“堂”，异姓的则称“表”。“一表三千里”形容中国民间表亲间相互疏远的状态。

续表

原文	解析
的父母。再进一步说，天下没有两个人所认取的亲属可以完全相同的。兄弟两人固然有相同的父母了，但是各人有各人的妻子儿女。因之，以亲属关系所联系成的社会关系的网络来说，是个别的。每一个网络有个“己”作为中心，各个网络的中心都不同。	
⑨在我们乡土社会里，不但亲属关系如此，地缘关系也是如此。现代的保甲制度是团体格局性的，但是这和传统的结构却格格不相入。在传统结构中，每一家以自己的地位作为中心，周围划出一个圈子，这个圈子是“街坊”。有喜事要请酒，生了孩子要送红蛋，有丧事要出来助殓、抬棺材，是生活上的互助机构。可是这不是一个固定的团体，而是一个范围。范围的大小也要依着中心的势力厚薄而定。有势力的人家的街坊可以遍及全村，穷苦人家的街坊只是比邻的两三家。这和我们的亲属圈子是一般的。像贾家的大观园里，可以住着姑表林黛玉，姨表薛宝钗，后来更多了，什么宝琴、岫烟，凡是拉得上亲戚的，都包容得下。[3] 可是势力一变，树倒猢狲散，缩成一小团。到极端时，可以像苏秦潦倒归来，“妻不以为夫，嫂不以为叔”。中国传统结构中的差序格局具有这种伸缩能力。在乡下，家庭可以很小，而一到有钱的地主和官僚阶层，可以大到像个小国。中国人也特别对世态炎凉有感触，正因为这富于伸缩的社会圈子会因中心势力的变化而大小。//	[3] 林黛玉——贾宝玉的姑表妹；薛宝钗——贾宝玉的姨表姐；薛宝琴——贾宝玉的姨表姐的堂妹；邢岫烟——贾宝玉的伯母的侄女。 Ⅴ. 第五层（第10段）： 团体格局和差序格局在立足点上不同，前者争权利，后者讲的是关系与交情。
⑩在孩子成年了住在家里都得给父母膳宿费的西洋社会里，大家承认团体的界限。在团体里的有一定的资格。资格取消了就得走出这个团体。在他们不是人情冷热的问题，而是权利问题。在西洋社会里争的是权利，而在我们却是攀关系、讲交情。//	Ⅵ. 第六层（第11～19段）： 从儒家最考究的“伦”入手，层层深入地阐释了差序格局中有差等的次序、以“己”为中心的自我主义、群己界限模糊等特点。
⑪以“己”为中心，像石子一般投入水中，和别人所联系成的社会关系，不像团体中的分子一般	

续表

原文	解析
大家立在一个平面上的，而是像水的波纹一般，一圈圈推出去，愈推愈远，也愈推愈薄。[4]在这里我们遇到了中国社会结构的基本特性了。我们儒家最考究的是人伦，伦是什么呢？我的解释就是从自己推出去的和自己发生社会关系的那一群人里所发生的一轮轮波纹的差序。《释名》于“沦”字下也说：“伦也，水文相次有伦理也。”潘光旦先生曾说：凡是有“仑”做公分母的意义都相通，“共同表示的是条理、类别、秩序的一番意思”。（见潘光旦《说伦字》，《社会研究》第十九期） ⑫伦重在分别，在《礼记·祭统》里所讲的十伦，鬼神、君臣、父子、贵贱、亲疏、爵赏、夫妇、政事、长幼、上下，都是指差等。“不失其伦”是在别父子、远近、亲疏。伦是有差等的次序。在我们现在读来，鬼神、君臣、父子、夫妇等具体的社会关系，怎能和贵贱、亲疏、远近、上下等抽象的相对地位相提并论？其实在我们传统的社会结构里最基本的概念，这个人和人往来所构成的网络中的纲纪，就是一个差序，也就是伦。《礼记·大传》里说：“亲亲也，尊尊也，长长也，男女有别，此其不可得与民变革者也。”意思是这个社会结构的架格是不能变的，变的只是利用这架格所做的事。 ⑬孔子最注重的就是水纹波浪向外扩张的“推”字。他先承认一个己，推己及人的己，对于这己，得加以克服于礼，克己就是修身。顺着这同心圆的伦常，就可向外推了。“本立而道生”，“其为人也孝弟，而好犯上者，鲜矣；不好犯上，而好作乱者，未之有也”。从己到家，由家到国，由国到天下，是一条通路。《中庸》里把五伦作为“天下之达道”。因为在这种社会结构里，从己到天下是一圈一圈推出去的，所以孟子说他“善推而已矣”。[5]	[4]这句论述非常精彩，语言既有逻辑性，又有形象性。句中的“不像……而是像……”区别并强调了差序格局与团体格局的不同特点；同时用水波纹的比喻形象又贴切地描述了差序格局的乡土社会特征，即以“自己”为中心，形成纲纪差等、近厚远薄的具有伸缩性的社会伦理网络。 [5]这一小段论述运用了引证法，引用儒家经典的观点和内容，有力地论证了中国传统社会“推己及人”的特点，语言典雅，思想精深。 [6]个人的对立是团体，是分子对全体。在个人主义下，一方面是平等观念，指在同一团体中各分子的地位相等，个人不能侵犯

续表

原文	解析
⑭在这种富于伸缩性的网络里，随时随地是有一个“己”作为中心的。这并不是个人主义，而是自我主义。[6] 个人是对团体而说的，是分子对全体。在个人主义下，一方面是平等观念，指在同一团体中各分子的地位相等，个人不能侵犯大家的权利；一方面是宪法观念，指团体不能抹煞个人，只能在个人所愿意交出的一份权利上控制个人。这些观念必须先假定了团体的存在。在我们中国传统思想里是没有这一套的，因为我们所有的是自我主义，一切价值是以“己”作为中心的主义。	大家的权利；另一方面是宪法观念，指团体不能抹煞个人，只能在个人所愿意交出的一份权利之下控制个人。比如西方的分餐制，就是个人主义的典型代表。 自我主义是以“己”为中心的主义，是以自我为圆心，向外以“人伦”的次序将身边的亲友一圈圈推出去。这里的一切价值衡量都是“利己”的。比如节日时家族宴会的座次是讲究差序的。
⑮自我主义并不限于拔一毛而利天下不为的杨朱 [7]，连儒家都该包括在内。杨朱和孔子不同的是杨朱忽略了自我主义的相对性和伸缩性，他太死心眼儿，一口咬了一个自己不放；孔子是会推己及人的，可是尽管放之于四海，中心还是在自己。子曰：“为政以德，譬如北辰，居其所而众星共之。”这是很好一个差序格局的譬喻，自己总是中心，像四季不移的北斗星，所有其他的人，随着他转动。孔子并不像耶稣，耶稣是有超于个人的团体的，他有他的天国，所以他可以牺牲自己去成全天国。孔子呢？不然。 ⑯子贡曰：“如有博施于民而能济众，何如？可谓仁乎？”子曰：“何事于仁，必也圣乎！尧舜其犹病诸！夫仁者，己欲立而立人，己欲达而达人，能近取譬，可谓仁之方也已。” ⑰孔子的道德系统里绝不肯离开差序格局的中心，“君子求诸己，小人求诸人”。因之，他不能像耶稣一样普爱天下，甚至而爱他的仇敌，还要为杀死他的人求上帝的饶赦——这些不是从自我中心出发的。孔子呢？ ⑱或曰：“以德报怨，何如？”子曰：“何以报德？以直报怨，以德报德。”	[7] 杨朱，字子居，战国思想家、哲学家，主张“贵己”“重生”“人人不损一毫”的思想，是道家杨朱学派的创始人。

续表

原文	解析
⑲这是差序层次，孔子是决不放松的。孔子并不像杨朱一般以小己来应付一切情境，他把这道德范围依着需要而推广或缩小。他不像耶稣或中国的墨翟，一放不能收。// ⑳我们一旦明白这个能放能收、能伸能缩的社会范围，我们可以明白中国传统社会中的私的问题了。我常常觉得："中国传统社会里一个人为了自己可以牺牲家，为了家可以牺牲党，为了党可以牺牲国，为了国可以牺牲天下。"这和《大学》的： ㉑古之欲明明德于天下者，先治其国；欲治其国者，先齐其家；欲齐其家者，先修其身……身修而后家齐，家齐而后国治，国治而后天下平。 ㉒在条理上是相通的，不同的只是内向和外向的路线，正面和反面的说法，这是种差序的推浪形式，把群己的界限弄成了相对性，也可以说是模棱两可了。这和西洋把权利和义务分得清清楚楚的社会，大异其趣。 ㉓为自己可以牺牲家，为家可以牺牲族……这是一个事实上的公式。在这种公式里，你如果说他私么？他是不能承认的，因为当他牺牲族时，他可以为了家，家在他看来是公的。当他牺牲国家为他小团体谋利益、争权利时，他也是为公，为了小团体的公。在差序格局里，公和私是相对而言的，站在任何一圈里，向内看也可以说是公的。其实当西洋的外交家在国际会议里为了自己国家争利益，不惜牺牲世界和平和别国合法利益时，也是这样的。所不同的，他们把国家看成了一个超过一切小组织的团体，为这个团体，上下双方都可以牺牲，但不能牺牲它来成全别种团体。这是现代国家观念，乡土社会中是没有的。	Ⅶ. 第七层（第20～24段）： 差序格局中公和私是相对而言的。中国传统社会的差序格局使人们注重"克己"，不会"克群"。 [8] 西洋社会是团体格局，每个人隶属于不同的团体，团体界限非常分明。家庭是一种界限分明的团体，只有夫妻和未成年子女组成的叫家，其他人都是"外人"。但国家是一个例外，国家里的人民不能逃出这个团体，而这个团体必须成为为每个分子谋利益的机构，于是有革命、有宪法、有国会等。

续表

原文	解析
㉔在西洋社会里，国家这个团体是一个明显的也是唯一特出的群己界限。[8] 在国家里做人民的无所逃于这团体之外，像一根柴捆在一束里，他们不能不把国家弄成个为每个分子谋利益的机构，于是他们有革命、有宪法、有法律、有国会等等。在我们传统里群的极限是模糊不清的“天下”，国是皇帝之家，界限从来就是不清不楚的，不过是从自己这个中心里推出去的社会势力里的一圈而已。所以可以着手的，具体的只有己，克己就成了社会生活中最重要的德性，他们不会去克群，使群不致侵略个人的权利。在这种差序格局中，是不会发生这问题的。//	乡土社会的“国”是皇帝的国，是“李氏天下”或者“赵氏天下”，界限不清不楚，“家”与“国”的概念混成一体，不过是从自己这个中心推出去的社会势力里的一圈。
㉕在差序格局中，社会关系是逐渐从一个一个人推出去的，是私人联系的增加，社会范围是一根根私人联系所构成的网络，因之，我们传统社会里所有的社会道德也只在私人联系中发生意义。——这一点，我将留在下篇里再提出来讨论了。//	Ⅷ. 第八层（第25段）： 差序格局中私人联系增加形成社会关系，社会道德只在私人联系中发生意义，引出下一篇。

梳理探究

1. 阅读《系维着私人的道德》一篇，梳理写作思路，绘制思维导图。

【解析】

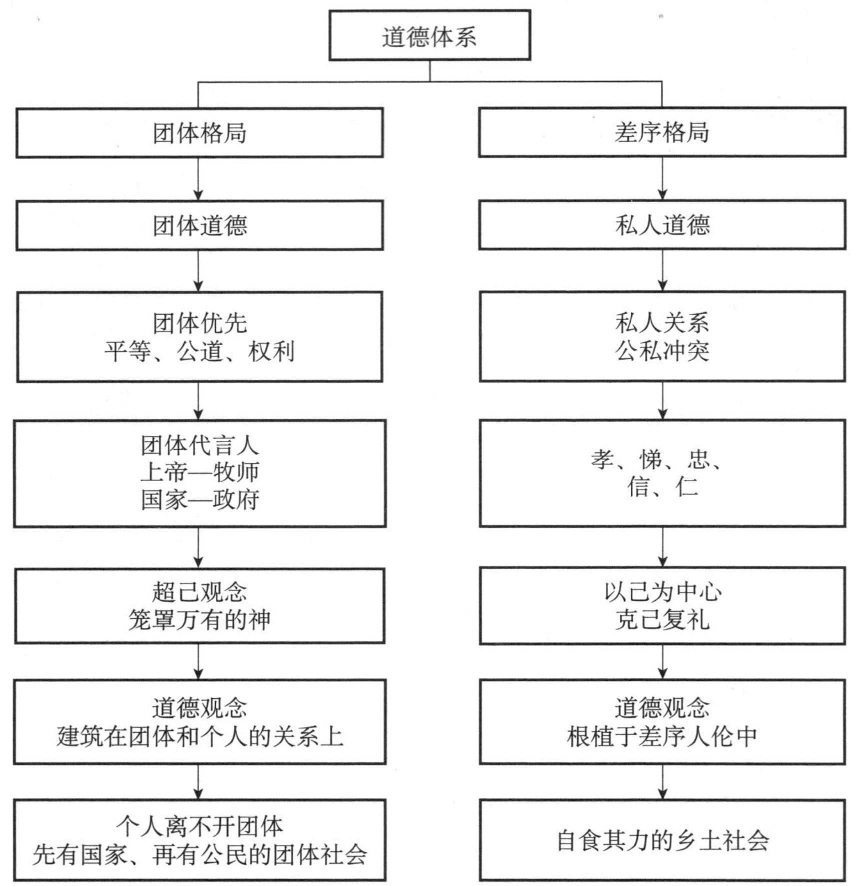

2. 根据《差序格局》《系维着私人的道德》两篇，对比、归纳“差序格局”和“团体格局”的不同。

	差序格局	团体格局
定义		
起源		
界限		

续表

	差序格局	团体格局
立足点		
道德观念		
道德体系		

【解析】

	差序格局	团体格局
定义	由亲属关系、地缘关系等社会关系决定的有差等次序的关系网络	由若干人组成的一个个的团体
起源	部落形态、游牧经济	乡土社会、自食其力
界限	界限不明、圈子富于伸缩性	团体内外界限分明
立足点	关系、交情	权利、义务
道德观念	自我主义：以"己"为中心的价值观，具有相对性和伸缩性	个人主义：平等观念，在同一团体中各分子地位相等；宪法观念，团体不能抹煞个人
道德体系	"克己复礼"，"壹是皆以修身为本"。从己推出，所有价值标准不能超脱于差序人伦	与宗教相关：每个个体在神面前都是平等的；神对每个人都是公道的

灵活应用

3. 随着互联网的快速发展，微信朋友圈成为网络空间中人际交往的主要平台。微信朋友圈算不算差序格局的一种表现？谈谈你的观点，并说明理由。

【解析】

①微信朋友圈算差序格局的一种表现：

a. 微信是基于亲戚、朋友、同事等熟人关系而联结起来的社交平台，微信朋友圈是以自己为中心的一种社交圈子，每个人与圈里的朋友之间主要讲的就是关系、交情；

b. 微信朋友圈没有明显的界限，谁都可以成为好友，圈子富于伸缩性。好友可多可少，无社会关系的限制；

c. 微信朋友圈里没有权利与义务关系。微信朋友圈的点赞、转发、评论往往也都是在熟人之间进行的，赞与不赞无明确标准，视自己与对方关系而定。

②微信朋友圈不算差序格局的一种表现：

a. 微信朋友圈中，无论关系远近都可以赞对方；

b. 微信朋友圈分享信息不分亲疏远近。

4. 叶公语孔子曰："吾党有直躬者，其父攘羊，而子证之。"孔子曰："吾党之直者异于是。父为子隐，子为父隐，直在其中矣。"(《论语 · 子路》)

偷盗明明是犯法，孔子却认为父子之间应该隐瞒包庇这种行为，请参考《系维着私人的道德》一文，对此加以阐释。

【译文】叶公告诉孔子："我那里有个坦白直率的人，他父亲偷了羊，他便告发。"孔子道："我们那里坦白直率的人和你们的不同。父亲替儿子隐瞒，儿子替父亲隐瞒，直就在这里面。"

【解析】

在传统社会的差序格局中，社会范围是一根根私人联系的增加，附着相配的道德要素，"我们传统社会里所有的社会道德也只在私人联系中发生意义"。由于一切价值都是以"己"为中心的，所以传统社会的道德和法律都依据所施对象与"己"的关系加以程度上的伸缩。《系维着私人的道德》一文强调："所有的价值标准也不能超脱于差序的人伦而存在了。"因此，父子关系要求父慈子孝，如不为之隐瞒，就会不慈不孝。为之隐瞒才符合道德要求，才是"直"。

拓展阅读

阅读下面的两则材料，结合《差序格局》《系维着私人的道德》两篇，写下你的阅读体会。

【2015 年"新课标"全国卷 I 作文】

阅读下面的材料，根据要求写一篇不少于 800 字的文章。(60 分)

因父亲总是在高速路上开车时接电话，家人屡劝不改，女大学生小陈迫于无奈，更出于生命安全的考虑，通过微博私信向警方举报了自己的父亲；警方查实后，依法对老陈进行了教育和处罚，并将这起举报发在官方微博上。此事赢得众多网友点赞，也引发一些质疑，经媒体报道后，激起了更大范围、更多角度的讨论。

对于以上事情，你怎么看？请给小陈、老陈或其他相关方写一封信，表明你的态度，阐述你的看法。

【2015年5月8日荆楚网《大四女生举报亲生父亲获警方奖励100元》】

5月7日，湖北高速交警官方微博接到一条特殊的微博举报，一位女网友向警方举报自己父亲在高速公路上开车接打电话。湖北高速交警总队经过调查，证实被举报人和举报人确实是父女关系，其父承认接打电话的违法事实。警方对被举报的父亲依法进行教育处理，对举报交通违法的女儿按照规定进行了奖励。

7日下午17时许，网友爱心菇娘（化名）通过微博私信联系湖北高速交警：我爸爸总是在高速上开车时接电话，家里人多次劝说无果，所以我被逼无奈，只有向你们举报。这条举报让湖北高速交警的微博管理员小鲁惊呆了，平时乘车人通过微博举报交通违法行为的挺多，但是举报自己亲爸爸的还从来没遇见过。

会不会是网友的恶作剧呢？小鲁非常谨慎地回复：收到，为什么要举报自己的亲爸爸？你多大了？爱心菇娘告诉值班博警：因为爸爸的这个习惯实在很不好，家里人说了很多次他也不听，我实在很担心他的安全。接着，爱心菇娘按照警方的要求将违法行为发生的时间、地点、爸爸的车牌号码等信息告诉了值班博警。

爱心菇娘告诉民警，其实她作为女儿举报自己父亲也是没办法，生命安全的问题她真的没办法置之不理，同时也希望更多的人珍爱生命，遵守交规。

8日上午，湖北高速交警总队就此条举报进行了调查，举报人陈琳（化名）今年 23 岁，大学毕业刚参加完研究生考试，7 日跟随父亲从洪湖回武汉，照片上显示的拍摄时间是 7 日下午 17 时 08 分，地址是 S13 武监高速（汉洪高速）。当天晚上她也跟自己的父亲进行了沟通，告诉父亲自己向交警举报了他接打电话的违法行为。她希望交警部门还是要对父亲的违法行为进行处罚，能给父亲一次教训，避免他再出现这样的危险驾驶行为。

随后，湖北高速交警与陈琳的父亲陈根（化名）取得联系，他表示，刚听说女儿举报自己的违法行为时，还有点无法理解，后来觉得女儿确实说的很有道理，她是在对家人的生命负责，这也是对家人爱的一种体现。

陈根告诉交警，当天因为外地朋友要到武汉和他见面，在高速开车时朋友打电话过来，习惯性地就接听了。看到女儿为自己安全担心的样子，再听交警讲述了开车接打电话的风险和一些事故案例，他深刻认识到平常驾驶养成的坏习惯，往往会酿成严重的后果，这也是对自己和家庭以及别人的不负责任。他承诺，在今后驾驶过程中一定不边开车边接电话、发短信。

据公安部交管局统计，68% 的司机有过开车打电话的行为，打电话时反应速度是正常情况的一半，视野范围缩小近一半，开车打电话的事故风险是正常情况下的 4 倍。按照道路交通安全法律法规的规定，机动车驾驶员在行车途中有拨打、接听手持电话或观看电视等妨碍安全的驾驶行为，可以处警告或 20 ～ 200 元罚款，记 2 分。

鉴于被举报人陈根（化名）对违法行为认识深刻，且保证今后遵守交通法规，湖北高速交警依据《湖北实施〈中华人民共和国道路交通安全法〉办法》第 68 条的规定，决定给予其警告处罚。同时湖北高速交警总队依据《高速公路有奖举报管理办法》，对举报人陈琳（化名）给予100元奖励。

【阅读体会】

04 家　族

概念阐释

在《家族》一篇，费孝通将关注点放在了中国乡土社会的基本社群——“家”上。前面《差序格局》《系维着私人的道德》两篇中对“团体格局”和“差序格局”的概念区分可以帮助理解社会结构的更多特点，比如该篇要讨论的“家”的性质。

“家庭”的概念在人类学上有明确的界说：这是个亲子所构成的生育社群——亲子是结构，生育是功能。但是生育的功能就个别家庭来说，是短期存在的，所以“家庭”是暂时性的。在西洋，家庭是团体性的社群，有严格的团体界限；而在乡土社会，“家”并没有严格的团体界限，主要沿着父系亲属差序向外扩大，并且可以扩大到很远。这种根据单系亲属原则组成的社群，叫氏族，是一种事业组织。费孝通指出："我们的家在结构上是一个氏族。"至此，文章明确了乡土社会"家"的独特性。中国乡土社会的家族除了承担生育的功能，还有政治、经济、宗教等复杂的功能；也因经营这许多事业的需要，具有长期性。也正因为乡土社会的家族本质上是个事业组织，所以其大小可以依着事业的大小进行伸缩。

明确形态和性质之后，费孝通对西洋家庭和乡土家族中社群成员间的关系进行了比较，其各自的主轴、配轴等均不一样，由此引出了两性关系（夫妇关系）的话题，也即下一篇《男女有别》要讨论的主题了。

原文解析

《家族》

原文	解析
①我曾在以上两章中，从群己的关系上讨论到社会结构的格局。我也在那章里提出了若干概念，比如"差序格局"和"团体格局"。我知道这些生疏的名词会引起读者的麻烦，但是为了要表明一些在已有社会学词汇里所没有确当名词来指称的概念，我不能不写下这些新的标记。这些标记并没有使我完全满意，而且也有容易引起误会的地方。譬如有一位朋友看过我那一章的分析之后，曾摇头说，他不能同意我说中国乡土社会里没有团体。他举出了家庭、氏族、邻里、街坊、村落，这些不是团体是什么？显然我们用同一名词指着不同的实体。我为了要把结构不同的两类"社群"[1]分别出来，所以把"团体"一词加以较狭的意义，只指由团体格局中所形成的社群，用以和差序格局中所形成的社群相区别；后者称之作"社会圈子"，把社群来代替普通所谓	I. 第一层（第1～2段）：解释"团体格局"和"差序格局"在东西方社会并存，但是各有侧重。对这两个概念的区分可以帮助理解社会结构的更多特点，由此引出文章对西洋"家庭"与中国"家族"的比较阐释。

续表

原文	解析
团体。社群是一切有组织的人群。在那位朋友所列举的各种社群中，大体上都属于我所谓社会圈子的性质。在这里我可以附带说明，我并不是说中国乡土社会中没有“团体”，一切社群都属于社会圈子性质，譬如钱会，即是賨，显然是属团体格局的；我在这个分析中只想从主要的格局说，在中国乡土社会中，差序格局和社会圈子的组织是比较的重要。同样地，在西洋现代社会中差序格局同样存在的，但比较上不重要罢了。这两种格局本是社会结构的基本形式，在概念上可以分得清，在事实上常常可以并存的，可以看得到的不过各有偏胜罢了。	[1] 社群：一切有组织的人群，具有社会圈子的性质。
②在概念上把这两种格局和两种组织区别出来并不是多余的，因为这个区别确可帮助我们对于社会结构上获得许多更切实的了解，免除种种混淆。在这里我将接着根据这套概念去看中国乡土社会中基本社群——“家”的性质。//	
③我想在这里提出来讨论的是我们乡土社会中的基本社群，这社群普通被称为“大家庭”的。我在《江村经济》[2]中把它称作“扩大了的家庭”（Expanded Family）。这些名词的主体是“家庭”，在家庭上加一个小或大的形容词来说明中国和西洋性质上相同的“家庭”形式上的分别。可是我现在看来却觉得这名词并不妥当，比较确当的应该称中国乡土社会基本社群作“小家族”。	Ⅱ. 第二层（第3～4段）：“家庭”和“家族”的区别不在大小、人数，而在结构、原则。
④我提出这新名词来的原因是想从结构的原则上去说明中西社会里“家”的区别。我们普通所谓大家庭和小家庭的差别决不是在大小上，不是在这社群所包括的人数上，而是在结构上。一个有十多个孩子的家并不构成“大家庭”的条件，一个只有公婆儿媳四个人的家却不能称之为“小家庭”。在数目上说，前者比后者为多，但在结构上说，后者却比前者为复杂，两者所用的原则不同。//	[2]《江村经济》全名为《江村经济——中国农民的生活》，费孝通的著作，1939年出版英文版，1986年出版中文

续表

原文	解析
⑤家庭这概念在人类学上有明确的界说：这是个亲子所构成的生育社群。亲子指它的结构，生育指它的功能。亲子是双系的，兼指父母双方；子女限于配偶所出生的孩子。这社群的结合是为了子女的生和育。在由个人来担负孩子生育任务的社会里，这种社群是不会少的。但是生育的功能，就每个个别的家庭说，是短期的，孩子们长成了也就脱离他们的父母的抚育，去经营他们自己的生育儿女的事务，一代又一代。家庭这社群因之是暂时性的。从这方面说，家庭这社群和普通的社群不完全一样。学校、国家这些社群并不是暂时的，虽则事实上也不是永久的，但是都不是临时性的，因为它们所具的功能是长期性的。家庭既以生育为它的功能，在开始时就得准备结束。抚育孩子的目的就在结束抚育。关于这一层意思我在《生育制度》一书中有详细的讨论。	版。全书共计 16 章，描述了中国乡村的生产、消费、分配和贸易体系，是根据对太湖东南岸开弦弓村的实地考察写成的，它旨在说明江村这一经济体系与特定地理环境，以及与所在社区的社会结构的关系。
⑥但是在任何文化中，家庭这社群总是赋有生育之外其他的功能。夫妇之间的合作并不因儿女长成而结束。如果家庭不变质，限于亲子所构成的社群，在它形成伊始，以及儿女长成之后，有一段期间只是夫妇的结合。夫妇之间固然经营着经济的、感情的、两性的合作，但是所经营的事务受着很大的限制，凡是需要较多人合作的事务就得由其他社群来经营了。	
⑦在西洋，家庭是团体性的社群，这一点我在上面已经说明；有严格的团体界限。因为这缘故，这个社群能经营的事务也很少，主要的是生育儿女。可是在中国乡土社会中，家并没有严格的团体界限，这社群里的分子可以依需要，沿亲属差序向外扩大。构成这个我所谓社圈的分子并不限于亲子。但是在结构上扩大的路线却有限制。中国的家扩大的路线是单系的，就是只包括父系这一方面；除了少数例外，家并不能同时包括媳妇和女婿。在父系原则下女婿和结了婚的女儿都是外家人。在父亲方面却可以扩大得很远，五世同堂的家，可以包括五代之内所有父系方面的亲属。	Ⅲ. 第三层（第 5 ～ 11 段）：“家庭”和“家族”在形态、性质、功能上的区别。

续表

原文	解析
⑧这种根据单系亲属原则所组成的社群，在人类学中有个专门名称，叫氏族。我们的家在结构上是一个氏族。但是和普通我们所谓族也不完全相同，因为我们所谓族是由许多家所组成，是一个社群的社群。因之，我在这里提了这个“小家族”的名词。小家族和大家族在结构原则上是相同的，不相同是在数量、在大小上。——这是我不愿用大家庭，而用小家族的原因。一字的相差，却说明了这社群的结构性质。 ⑨家族在结构上包括家庭，最小的家族也可以等于家庭。因为亲属的结构的基础是亲子关系，父母子的三角。家族是从家庭基础上推出来的。但是包括在家族中的家庭只是社会圈子中的一轮，不能说它不存在，但也不能说它自成一个独立的单位，不是一个团体。 ⑩形态上的差异，也引起了性质上的变化。家族虽则包括生育的功能，但不限于生育的功能。依人类学上的说法，氏族是一个事业组织，再扩大就可以成为一个部落。氏族和部落赋有政治、经济、宗教等复杂的功能。我们的家也正是这样。我的假设是中国乡土社会采取了差序格局，利用亲属的伦常去组合社群，经营各种事业，才使这基本的家，变成氏族性了。一方面我们可以说在中国乡土社会中，不论政治、经济、宗教等功能都可以利用家族来担负；另一方面也可以说，为了要经营这许多事业，家的结构不能限于亲子的小组合，必须加以扩大。而且凡是政治、经济、宗教等事物都需要长期绵续性的，这个基本社群决不能像西洋的家庭一般是临时的。家必须是绵续的，不因个人的长成而分裂，不因个人的死亡而结束，于是家的性质变成了族。氏族本是长期的，和我们的家一般。我称我们这种社群作“小家族”，也表示了这种长期性在内，和家庭的临时性相对照。 ⑪中国的家是一个事业组织，家的大小是依着事业的大小而决定。如果事业小，夫妇两人的合作已够应付，	

续表

原文	解析
这个家也可以小得等于家庭；如果事业大，超过了夫妇两人所能担负时，兄弟伯叔全可以集合在一个大家里。这说明了我们乡土社会中家的大小变异可以很甚。但不论大小上差别到什么程度，结构原则上却是一贯的、单系的差序格局。// ⑫以生育社群来担负其他很多的功能，使这社群中各分子的关系的内容也发生了变化。在西洋家庭团体中，夫妇是主轴，夫妇共同经营生育事务，子女在这团体中是配角，他们长成了就离开这团体。在他们，政治、经济、宗教等功能有其他团体来担负，不在家庭的分内。夫妇成为主轴，两性之间的感情是凝合的力量。两性感情的发展，使他们的家庭成了获取生活上安慰的中心。我在《美国人性格》一书中曾用“生活堡垒”一词去形容它。	Ⅳ. 第四层（第12～14段）：对西洋“家庭”和中国“家族”中社群成员间的关系进行比较，由此引出两性关系（夫妇关系）的话题。
⑬在我们的乡土社会中，家的性质在这方面有着显著的差别。我们的家既是个绵续性的事业社群，它的主轴是在父子之间，在婆媳之间，是纵的，不是横的。夫妇成了配轴。配轴虽则和主轴一样并不是临时性的，但是这两轴却都被事业的需要而排斥了普通的感情。我所谓普通的感情是和纪律相对照的。一切事业都不能脱离效率的考虑。求效率就得讲纪律，纪律排斥私情的宽容。在中国的家庭里有家法，在夫妇间得相敬，女子有着“三从四德”的标准，亲子间讲究负责和服从。[3] 这些都是事业社群里的特色。 ⑭不但在大户人家，书香门第，男女有着闾内闾外的隔离，就是在乡村里，夫妇之间感情的淡漠也是日常可见的现象。我在乡间调查时特别注意过这问题，后来我又因疏散下乡，和农家住在一所房子里很久，更使我认识了这事实。我所知道的乡下夫妇大多是“用不着多说话的”，“实在没有什么话可说的”。一早起各人忙着各人的事，没有工夫说闲话。出了门，各做各的。妇人家如果不下田，留在家里带孩子。工做完了，男子们	[3] 乡土社会事业社群的特色：“男主外女主内”“男耕女织”。父子关系是传统家庭关系中最重要的关系，父子之间的关系如同事业伙伴。父对子主要是负责和教导，子对父主要是孝顺和服从。父子间如同血缘继替的事业伙伴。

续表

原文	解析
也不常留在家里，男子汉如果守着老婆，没出息。有事在外，没事也在外。茶馆、烟铺，甚至街头巷口，是男子们找感情上安慰的消遣场所。在那些地方，大家有说有笑，热热闹闹的。回到家，夫妇间合作顺利，各人好好地按着应做的事各做各的。做得好，没事，也没话；合作得不对劲，闹一场，动手动脚，说不上亲热。这些观察使我觉得西洋的家和我们乡下的家，在感情生活上实在不能并论。乡下，有说有笑，有情有意的是在同性和同年龄的集团中，男的和男的在一起，女的和女的在一起，孩子们又在一起，除了工作和生育事务上，性别和年龄组间保持着很大的距离。这决不是偶然的，在我看来，这是把生育之外的许多功能拉入了这社群中去之后所引起的结果。中国人在感情上，尤其是在两性间的矜持和保留，不肯像西洋人一般的在表面上流露，也是在这种社会圜局中养成的性格。[4]//	[4] 最后一段主要运用了对比论证的手法：大户人家、书香门第与乡村里的夫妇关系的对比；夫妻关系与同性别、同年龄的人之间的关系对比；中国人与西洋人在感情生活上的表现对比。

梳理探究

1. 根据《家族》一篇，概括总结乡土社会“家族”的特征。

【解析】

①具备生育功能、政治功能、经济功能、宗教功能等；

②具有长期延续性；

③遵循父系亲属差序扩大原则；

④为了求效率、讲纪律，排斥普通情感。

2. 依照所示的西洋家庭结构图，画出一个中国乡土社会的家族结构图（如《四世同堂》中的祁家、《红楼梦》中的贾家或《家》中的高家等），并比较中西基本社群结构的异同。

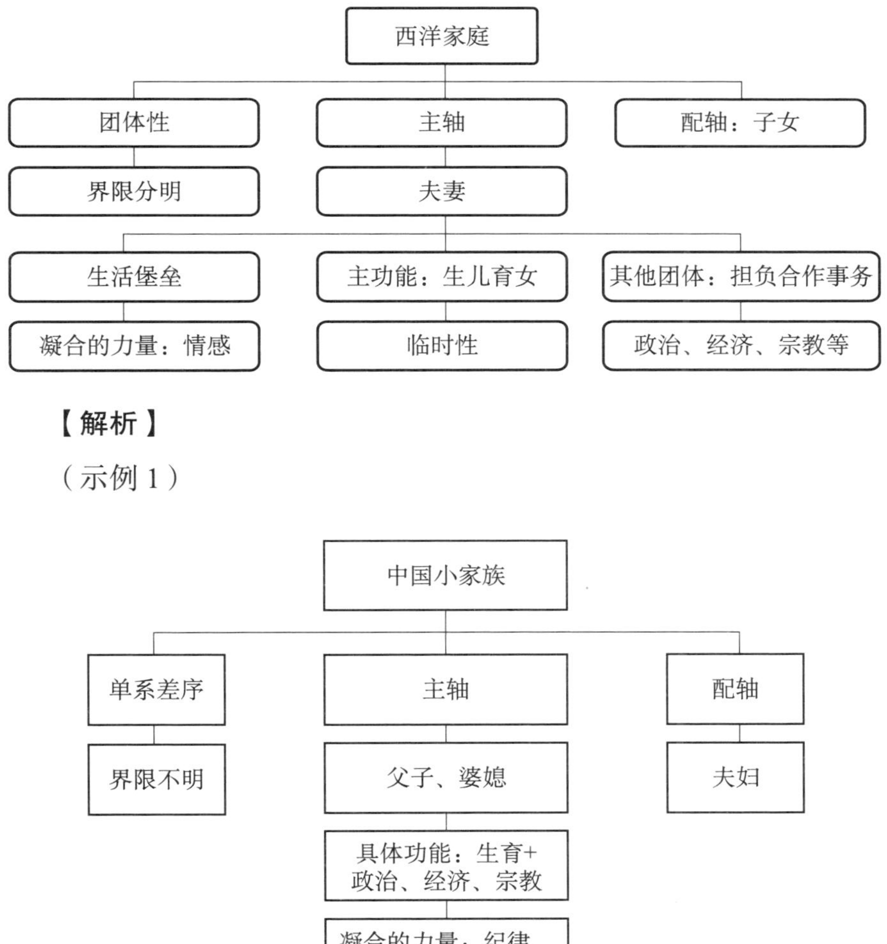

【解析】

（示例1）

（示例2）

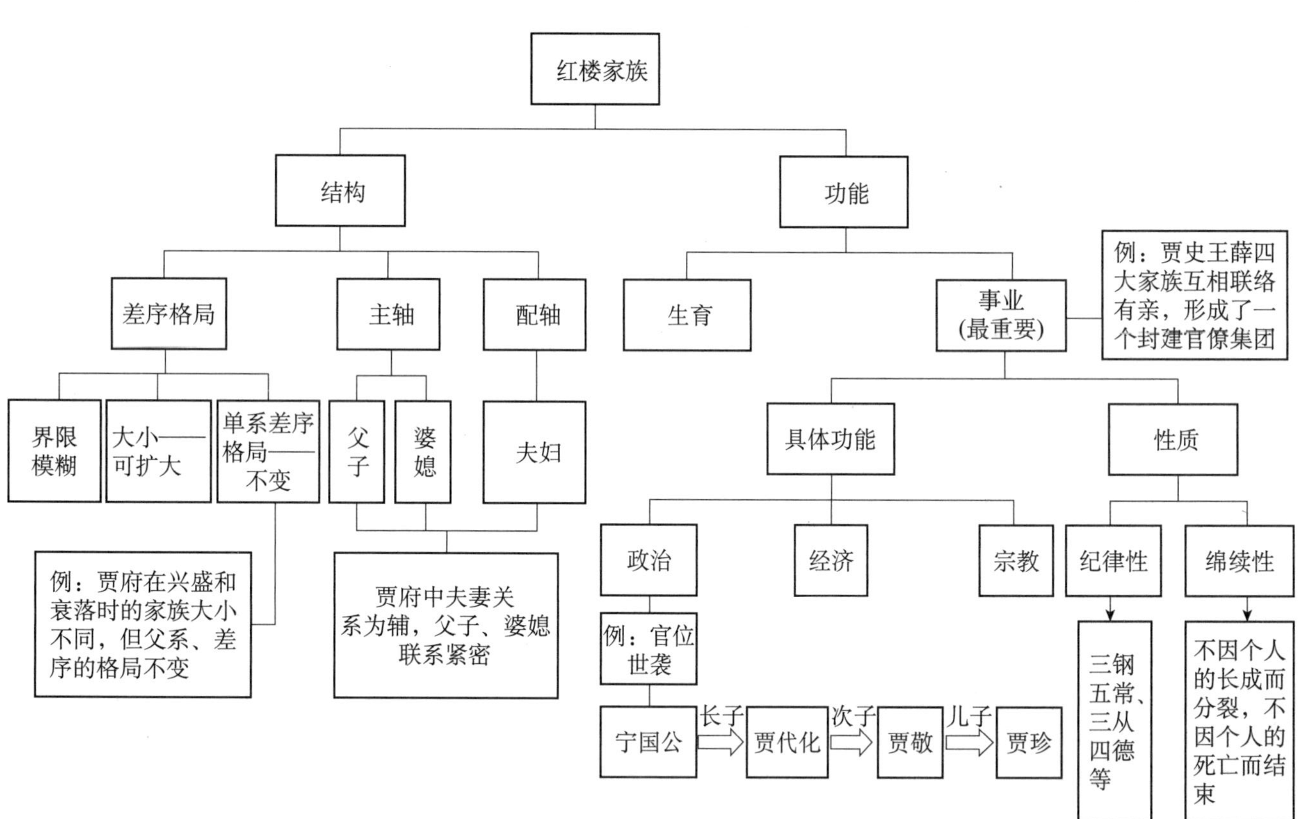

红楼家族
结构
功能
差序格局
主轴
配轴
生育
事业
（最重要）
例：贾史王薛四大家族互相联络有亲，形成了一个封建官僚集团
界限模糊
大小——可扩大
单系差序格局——不变
父子
婆媳
夫妇
具体功能
性质
例：贾府在兴盛和衰落时的家族大小不同，但父系、差序的格局不变
贾府中夫妻关系为辅，父子、婆媳联系紧密
政治
经济
宗教
纪律性
绵续性
例：官位世袭
宁国公
长子
贾代化
次子
贾敬
儿子
贾珍
三纲五常、三从四德等
不因个人的长成而分裂，不因个人的死亡而结束

（示例3）

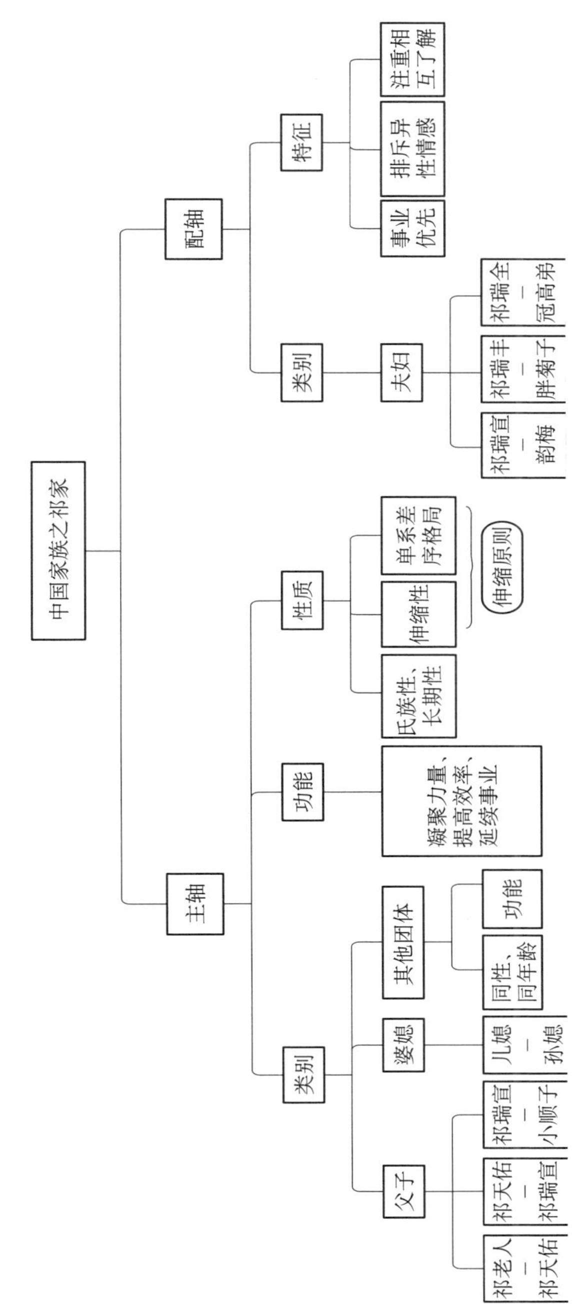
中国家族之祁家
主轴
配轴
类别
功能
性质
特征
类别
父子
婆媳
其他团体
祁老人—祁天佑
祁天佑—祁瑞宣
祁瑞宣—小顺子
儿媳—孙媳
同性、同年龄
功能
凝聚力量、提高效率、延续事业
氏族性、长期性
伸缩性
单系差序格局
伸缩原则
夫妇
祁瑞宣—韵梅
祁瑞丰—胖菊子
祁瑞全—冠高弟
事业优先
排斥异性情感
注重相互了解

灵活应用

3. 对比英语，我们会发现一个有意思的现象，即中国人对亲戚的称谓远比西方要复杂：父亲的姐妹为姑姑，母亲的姐妹为姨妈，而在英语中这两者都称为aunt；划分更细致的是父亲的兄弟辈，父亲的哥哥为伯父（配偶称为伯母），父亲的弟弟为叔叔（配偶称为婶娘），而在英语中则统一用uncle代表。结合《家族》一篇，你如何解释这一现象？

【解析】

称谓的简单或是复杂从一个侧面反映出了中西方对于家庭格局与成员间关系的理解不同。西洋家庭以夫妇为主轴，子女为配轴，家庭是团体性的社群，有严格的团体界限。并且这一社群是暂时性的，子女长成了就离开这个团体，独立门户，很少有三代同堂的现象，更不用说四代同堂了。在西洋家庭，每个人与父系和母系的亲属的距离是相等的，无所谓谁近谁远，都一律平等，因此也就没有必要区分父系亲属和母系亲属。并且，整体来说西方人的亲属观念相对比较淡薄，在他们的观念中，一般的亲属与其他人没什么不同，所以一律用“aunt”“uncle”概称之。

与之相反，在中国乡土社会中，“家”并没有严格的团体界限，主要沿着父系亲属差序向外扩大，并且可以扩大得很远，五世同堂的家，可以包括五代之内所有父系方面的亲属。乡土社会中“家”这一社群是小家族式的，具备生育、政治、经济、宗教等多种功能，具有长期延续性。中国人相对更重视亲属关系，汉语中有“三亲六戚”之说，“三亲”即指宗亲、外亲、妻亲。三亲的划分是以性别和血缘关系为标准的，它表明了亲属关系的远近。其中宗亲是亲属关系的主体部分，上下九族同一祖宗的男性成员都列入“宗亲”范畴。《差序格局》中强调了儒家的“伦”是有差等的次序，所谓内外有别、长幼有序，这样的观念对亲属称谓的区分产生了很大影响。因此，在中国人的亲属称谓中，父系亲属与母系亲属区分开来，并且父系亲属划分得更为细致。

4. 请就下列俗语中折射的传统观念，做出自己的评价。

俗语	评价
嫁出去的女儿，泼出去的水。	
手艺传承上，传男不传女。	
张飞饮酒误事，导致刘备妻子被掳。刘备安慰张飞说：“兄弟如手足，妻子如衣服。衣服破，尚可缝；手足断，安可续？”	
结拜兄弟的誓词：“不求同年同日生，但求同年同日死。”	

【解析】

<table>
<tr><th>俗语</th><th>评价</th></tr>
<tr><td>嫁出去的女儿，泼出去的水。</td><td rowspan="4">单系差序家族结构，女儿被排斥在家族之外。
乡土中国看重秩序，情感是不稳定的因素，将男女在生活和心理上隔离，使夫妇情感淡漠，有利于秩序的维持、社会的安稳，由此也使得感情定向偏于同性方面发展。</td></tr>
<tr><td>手艺传承上，传男不传女。</td></tr>
<tr><td>张飞饮酒误事，导致刘备妻子被掳。刘备安慰张飞说：“兄弟如手足，妻子如衣服。衣服破，尚可缝；手足断，安可续？”</td></tr>
<tr><td>结拜兄弟的誓词：“不求同年同日生，但求同年同日死。”</td></tr>
</table>

拓展阅读

阅读下面两则材料，结合《家族》《男女有别》两篇，写下你的阅读体会。

01 中西方文学作品爱情观对比研究（节选）

马昭　霍月红

中国文化源远流长，文学作品含蓄微妙，好像一条清澈的小溪涓涓流过，悄无声息地滋润着人们心中那片宁静而圣洁的田地。与中国文化相比，西方文明个性豪放，来势凶猛，激昂高亢，仿佛一条飞泻的瀑布瞬间即至，在读者心里掀起千层浪。中西方文化虽然存在很大不同，但其文学作品却有共同的主题——爱情。对爱情和自由的讴歌从来都是中外文学作品谱写经典传奇的重要方法。

爱情语言是人类语言中最相通的，通过爱情，人类的精神得到提升，达到与心灵对话的层次，并且永不衰竭地伴随生命存在。所以，无论东方还是西方，在文学作品中爱情是一个永恒的、共同的话题。但是，不同的历史背景和社会背景使得人们对爱情的认识也不尽相同……

爱情构成了西方人的整个生活和全部生命，爱情就是一切。朱光潜先生对此有精辟论述："西方人重视恋爱，有'恋爱至上'的口号。在西方人眼中，爱情是人生的至乐。人生如果没有了爱情，那就失去了无限的趣味。"所以西方人将宗教家的天堂，称为"永远的蜜月"，即是此意。西方爱情观认为，热恋中所倾慕的对象像天使一样，完美无缺，绝对纯粹。真正的爱情能够使人脱胎换骨，还可以使人摆脱厄运，绝处逢生。比如童话《白雪公主》，王子充满爱的深情的一吻使得白雪公主死而复生。西方人认为，经历一次真正的爱情，人的灵魂能够得到净化，道德会得到升华。很多名人在爱情上有自己独到的见解。费尔巴哈：“爱情，就是要成就一个人。”莎士比亚：“一个人明明知道沉迷在爱情里是一件多么愚蠢的事情，可是，在讥笑他人的浅薄无聊以后，偏偏会自己打自己的耳光，照样陷入爱情温柔的怀抱。”

由于中西方社会和文化背景不同，中国人对爱情的理解与西方人相比也不尽相同。孟子：“食色，性也。”傅雷：“要找永久的伴侣，也得多用理智考虑，勿被感情蒙蔽！情人的眼光一结婚就会变，变得你自己都不相信：事先要不想到这一着，必招来无穷的痛苦。”老舍：“爱情要是没有苦味，甜蜜从何处领略？爱情要是没有眼泪，笑声从何处飞来？爱情是神秘的，宝贵的，必要的，没有他，世界只是一片枯草，一带黄沙，为爱情而哭而笑而昏乱是有味的，真实的！人们要是得不着恋爱的自由，一切的自由会是假的；人们没有两性的爱，一切的爱是虚空的。”西方人重视恋爱，中国人重视婚姻而轻视恋爱，因而爱情悲剧中婚姻悲剧占多数，比如催人泪下的《孔雀东南飞》。中国传统文学的特点是以国计民生为写作的轴心，而不是以爱情为轴心，爱情并不重要，而且在中国传统文化背景下也不被允许。

在中国文学作品中，诗歌从来都强调“雅”，主题必须严肃，不可以只描写私人情感、家务事或儿女情……受传统文化影响，中国文人在抒发感情时内敛含蓄。中国文学作品中的爱情还有一个非常重要的特点：才子结缘佳人，英雄无缘美女，这也是中国爱情的一个固定模式。比如元代爱情剧之首的《西厢记》，男主人公张生英俊潇洒，才华横溢，并且富有胆略，因此吸引了女主人公崔莺莺。才子用手中的一支笔获取小姐的芳心，寒窗苦读的考场外加柔情似水的情场——中国文学作品典型的爱情模式。

西方人崇尚爱情，向往美好的爱情，并且带着崇敬的心理去接受。但中国人截然不同，人们对待爱情的心理非常复杂，既想面对又想逃避，既渴望又排斥；既向往爱情带给人们的激情，又害怕随之而来的痛苦。这种矛盾的心理正是来源于中国传统的道德观。虽然中西文学作品的爱情观有所不同，但是人们对爱情的愿望是相同的，即都向往美好的爱情。无论是中国的《梁祝》还是西方的《卡门》和《茶花女》，都表现出人们为了爱情，冲破传统观念，勇于追求自己的真爱和幸福。

02 中西方文学作品爱情观对比（节选）

——以《岛上书店》为例

景军苗

在中国传统文学中，婚姻不单单是为了获得精神上的共鸣、情感上的契合，更是为了让夫妻相互扶持、相濡以沫，过上更好的生活。如果将西方文学作品中的爱情观比作浪漫主义，那么中国文学作品中的爱情观就可以称为现实主义。在传统中国人眼中，比起精神思想上的契合，他们更注重男女双方是否具备勤俭持家、孝顺父母这种宝贵的精神品质。比如说，老舍先生著作《正红旗下》中所描写的大姐和大姐丈，就是兴趣、性情都迥然不同的一对。大姐是个性格十分传统、庄重的满族女人，大姐丈却是一个喜欢养鸽、唱曲、玩耍，注重脸面的八旗子弟。在生活中二人相敬如宾，虽没有共同的语言，但由于大姐具备种种优秀品质，符合中国传统文化中

“好媳妇”的概念，故此，大姐和大姐丈的结合，被看作一段很成功的婚姻。

中西方爱情观不但在精神上不尽相同，在承托精神的物质上，也有较大不同。在中国传统价值观中，妻子是丈夫的附庸，不需要经济能力，只需要照顾家庭，做一个贤良淑德的好妻子，在生活中，妻子严重依赖于丈夫，在经济上受到丈夫的供养。例如，在传统京剧《红鬃烈马》中，薛平贵与王宝钏之间的爱情就是一个很好的例子。王宝钏贵为当朝宰相之女，不仅眉目如画，还饱读诗书，但是由于没有丈夫薛平贵的扶持，就只能苦守寒窑十八年，以挖野菜果腹。

具有传统观念的中国人很注重“家庭”这种理念，两个人如果想要结为伴侣，不单单是男女之间的事情，人与人之间的结合，更是为了家族与家族之间共同利益的联合。比如，在古典名著《红楼梦》中，贾宝玉为何会和薛宝钗结合，而不是和两情相悦的林黛玉结合？小说中，虽然贾宝玉生在一个官宦之家，但是贾家到了他这一代，只有贾政一个人在朝廷中担任实际职务，表面上看依旧是风光无两，但是实际上早已腐朽不堪，全靠着寅吃卯粮、变卖家产来维持表面的体面。而薛家是巨商出身，家里比较有钱。这样，一个家族空有地位，却缺少钱粮；一个有钱有粮，却没有地位。两个家族相互结合，便可以达到互相成就的结果。而林黛玉虽然也是官家女儿，但是由于父亲过早离世，她和贾宝玉结合之后也就无法给摇摇欲坠的贾府带来实际上的好处。种种因素的作用下，出现了宝黛之间的爱情悲剧。

中西方的爱情观差异，还表现在两种文明对爱情的态度上……

在中国传统美学中，爱情应该是含蓄的、朦朦胧胧的。比如在红色经典《野火春风斗古城》中，游击队政委杨晓冬和银环姑娘之间互相爱慕，关系十分融洽，身边的同志看在眼里，都心照不宣，但是两人始终没有捅破最后一层窗户纸，将“爱”字说出来。只是通过一些日常生活的描写，比如说银环帮杨母做针线活，对杨晓冬嘘寒问暖等，进行隐隐约约的体现。由此可见，西方的爱情是火热的、激烈的，东方的爱情则是含蓄的、淳朴的。

中西方对于爱情的理解也不同。复旦大学的王德峰教授曾经归纳总结过：中国人的情感关系，往往是交付形的，一旦结婚，便是一个命运共同体，而西方的情感关系，则是主体和客体的关系，在其结婚后，关系也是分开的。这点在《岛上书店》中有突出体现：阿米莉娅和 A.J. 费克里结婚后，依旧是两个独立的个体，他们互相爱慕，互相扶持，但还保持着独立自主的人格。而诞生于我国东汉时期的著名叙事长诗《孔雀东南飞》，则又是另一番景象：“揽裙脱丝履，举身赴清池”“徘徊庭树下，自挂东南枝”。由此可见，焦刘二人的关系不单单是爱人，更是一个不可拆分的命运共同体。

中西方不同爱情观形成的主要原因有哪些呢？

……东方文明和西方文明在上千年的自然演化当中，经历不同，思想体系不同，所以形成了东方人与西方人截然不同的思想观念。

现代西方文明的源头，来自有着悠久历史的古希腊，在那个时候，希腊的各个城邦实行的是贵族民主制，在这种制度的扶持下，古希腊发展出了璀璨的文明，并且影响了西方文明数千年。时间来到近代，西方世界诞生了卢梭、伏尔泰、孟德斯鸠等西方著名思想家、文学家，他们积极地从古希腊人、古罗马人的智慧中汲取营养，还在前人基础上，提出了崇尚自由的价值观。于是，在这种历史大背景下，西方人逐渐建立了一种“以自我为中心的思想价值体系”。这种思想价值体系体现在爱情上，便是每一个灵魂都应该是独立自主的，爱情应该由自己主宰，自己做自己命运的主人。于是，西方青年人打破旧思想的锁链，开始追逐属于自己的伴侣。西方近现代作家经常会阅读启蒙运动、文艺复兴方面的书籍，深深受到这类思想价值观的影响，于是在文字上自然而然地会透露出这种倾向。

而在我国，从西汉武皇帝时代开始，“儒”的思想就被贯彻到全国的每一个角落。在爱情上，儒家讲究夫唱妇随，举案齐眉；在婚姻中，儒家讲究的是父母之命，媒妁之言，这就令中国人在生活中十分注重家庭观念，实行的是集体主义，普遍认为家是一个大集体，而人是一个小的个体，个人的幸福应该让位于群体利益。比如，《诗经·郑风·将仲子》中就有这样的生动描写：“将仲子兮，无逾我里，无折我树杞。岂敢爱之？畏我父母。仲可怀也，父母之言，亦可畏也。”

古代的文学家、思想家从小就受到孔孟之道、圣人之言的熏陶，是儒家文化的传播者和继承者。故此，其作品当中就常常有儒家思想的体现，和受西方启蒙思想熏陶的西方文学作品，自然会有较大不同。

【阅读体会】

05 礼治秩序

概念阐释

《家族》和《男女有别》两篇都阐释了让乡土社会呈现安稳秩序的重要因素，接下来，费孝通将目光投向了更为深层次的文化传统，即礼治秩序。

费孝通认为，乡土社会并不是“无治而治”的社会，而是“无法”但“礼治”的社会。何为礼？“礼是社会公认合式的行为规范。合于礼的就是说这些行为是做得对的，对是合式的意思。”维持礼这种规范的是传统。什么是传统呢？“传统是社会所累积的经验。”文章指出：“如果我们对行为和目的之间的关系不加推究，只按着规定的方法做，而且对于规定的方法带着不这样做就会有不幸的信念时，这套行为也就成了我们普通所谓‘仪式’了。”因此，礼并不是靠一个外在的权力来推行的，而是从教化中养成了个人的敬畏之感，使人服膺。所以礼治有一个很重要的特征：人服礼是主动的。

《无讼》一篇紧承《礼治秩序》结尾对“法治和礼治是发生在两种不同的社会情态中”的初步阐释，进一步论述了乡土社会和现代社会维护秩序的不同手段，即礼治和法治。同时，费孝通指出：“中国正处在从乡土社会蜕变的过程中，原有对诉讼的观念还是很坚固地存留在广大的民间，也因之使现代的司法不能彻底推行”；“现行的司法制度在乡间发生了很特殊的副作用，它破坏了原有的礼治秩序，但并不能有效地建立起法治秩序”。因此，在费孝通看来，“法治秩序的建立不能单靠制定若干法律条文和设立若干法庭，重要的还得看人民怎样去应用这些设备。更进一步，在社会结构和思想观念上还得先有一番改革”。

原文解析

《礼治秩序》

原文	解析
①普通常有以“人治”[1] 和“法治”[2] 相对称，而且认为西洋是“法治”的社会，我们是“人治”的社会。其实这个对称的说法并不很清楚。法治的意思并不是说法律本身能统治，能维持社会秩序，而是说社会上人和人的关系是根据法律来维持的。法律还得靠权力来支持，还得靠人来执行，法治其实是“人依法而治”，并非没有人的因素。	I. 第一层（第1～4段）：辨析“人治”与“法治”两个概念，两者的根本区别在于维持秩序时所用的力量

续表

原文	解析
②现代论法理的学者中有些极重视人的因素。他们注意到在应用法律于实际情形时，必须经过法官对于法律条文的解释。法官的解释的对象虽则是法律条文，但是决定解释内容的却包含很多因素，法官个人的偏见，甚至是否有胃病，以及社会的舆论都是极重要的。于是他们认为法律不过是法官的判决。这自是片面的说法，因为法官并不能任意下判决的，他的判决至少也须被认为是根据法律的，但是这种看法也告诉我们所谓法治绝不能缺乏人的因素了。	和所根据的规范的性质。 [1] 人治：有权力的人任凭自己的好恶来规定社会上人和人的关系。（文中的字面意思）
③这样说来，人治和法治有什么区别呢？如果人治是法治的对面，意思应当是“不依法律的统治”了。统治如果是指社会秩序的维持，我们很难想象一个社会的秩序可以不必靠什么力量就可以维持，人和人的关系可以不根据什么规定而自行配合的。如果不根据法律，根据什么呢？望文生义地说来，人治好像是指有权力的人任凭一己的好恶来规定社会上人和人的关系的意思。我很怀疑这种“人治”是可能发生的。如果共同生活的人们，相互的行为、权利和义务，没有一定规范可守，依着统治者好恶来决定。而好恶也无法预测的话，社会必然会混乱，人们会不知道怎样行动，那是不可能的，因之也说不上“治”了。	[2] 法治：社会上人和人的关系是根据法律来维持的。
④所谓人治和法治之别，不在“人”和“法”这两个字上，而是在维持秩序时所用的力量和所根据的规范的性质。//	Ⅱ. 第二层（第5～6段）： 乡土社会并不是“无治而治”的社会，而是个“无法”但“礼治”的社会。
⑤乡土社会秩序的维持，有很多方面和现代社会秩序的维持是不相同的。可是所不同的并不是说乡土社会是“无法无天”，或者说“无需规律”。的确有些人这样想过。返璞回真的老子觉得只要把社区的范围缩小，在鸡犬相闻而不相往来的小国寡民的社会里，社会秩序无需外力来维持，单凭每个人的本能或良知，就能相安无事了。这种想法也并不限于老子。就是在	[3] 英国经济学家亚当·斯密在

续表

原文	解析
现代交通之下，全世界的经济已密切相关到成为一体时，美国还有大多数人信奉着古典经济学里的自由竞争的理想，反对用人为的“计划”和“统制”来维持经济秩序，而认为在自由竞争下，冥冥之中，自有一双看不见的手[3]，会为人们理出一个合于道德的经济秩序来的。不论在社会、政治、经济各个范围中，都有认为“无政府”是最理想的状态，当然所谓“无政府”决不是等于“混乱”，而是一种“秩序”，一种不需规律的秩序，一种自动的秩序，是“无治而治”的社会。 ⑥可是乡土社会并不是这种社会，我们可以说这是个“无法”的社会，假如我们把法律限于以国家权力所维持的规则，但是“无法”并不影响这社会的秩序，因为乡土社会是“礼治”[4]的社会。//	《国富论》中提出的一种经济学理论。他认为，看似杂乱无章、毫无秩序的自由市场，实际上却为“一双看不见的手”所指引，生产出正确的产品种类和数量。亚当·斯密主张让市场自由发展，反对政府对市场的干预。 [4] 礼治：人们的行为不受规律的约束，而主动服膺于社会公认的合适的行为规范所形成的社会秩序。
⑦让我先说明，礼治社会并不是指文质彬彬，像《镜花缘》里所描写的君子国一般的社会。礼并不带有“文明”，或是“慈善”，或是“见了人点个头”、不穷凶极恶的意思。礼也可以杀人，可以很“野蛮”。譬如在印度有些地方，丈夫死了，妻子得在葬礼里被别人用火烧死，这是礼。又好像在缅甸有些地方，一个人成年时，一定要去杀几个人头回来，才能完成为成年礼而举行的仪式。我们在旧小说里也常读到杀了人来祭旗，那是军礼。——礼的内容在现代标准看去，可能是很残酷的。残酷与否并非合礼与否的问题。“子贡欲去告朔之饩羊。子曰：‘赐也，尔爱其羊，我爱其礼。’”恻隐之心并没有使孔子同意取消相当残忍的行为。 ⑧礼是社会公认合式的行为规范。合于礼的就是说这些行为是做得对的，对是合式的意思。如果单从行为规范一点说，本和法律无异，法律也是一种行为规范。礼和法不相同的地方是维持规范的力量。法律是靠国家的权力来推行的。“国家”是指政治的权力，	Ⅲ. 第三层（第7～18段）：“礼”的本质、形成和特征。

续表

原文	解析
在现代国家没有形成前，部落也是政治权力。而礼却不需要这有形的权力机构来维持。维持礼这种规范的是传统。 ⑨传统是社会所累积的经验。行为规范的目的是配合人们的行为以完成社会的任务，社会的任务是满足社会中各分子的生活需要。人们要满足需要必须相互合作，并且采取有效技术，向环境获取资源。这套方法并不是由每个人自行设计，或临时聚集了若干人加以规划的。人们有学习的能力，上一代所试验出来有效的结果，可以教给下一代。这样一代一代地累积出一套帮助人们生活的方法。从每个人说，在他出生之前，已经有人替他准备下怎样去应付人生道上所可能发生的问题了。他只要“学而时习之”就可以享受满足需要的愉快了。 ⑩文化本来就是传统，不论哪一个社会，绝不会没有传统的。衣食住行种种最基本的事务，我们并不要事事费心思，那是因为我们托祖宗之福，一一有着可以遵守的成法。但是在乡土社会中，传统的重要性比现代社会更甚。那是因为在乡土社会里传统的效力更大。 ⑪乡土社会是安土重迁的，生于斯、长于斯、死于斯的社会。不但是人口流动很小，而且人们所取给资源的土地也很少变动。在这种不分秦汉、代代如是的环境里，个人不但可以信任自己的经验，而且同样可以信任若祖若父的经验。一个在乡土社会里种田的老农所遇着的只是四季的转换，而不是时代变更。一年一度，周而复始。前人所用来解决生活问题的方案，尽可抄袭来作自己生活的指南。愈是经过前代生活中证明有效的，也愈值得保守。于是“言必尧舜”，好古是生活的保障了。	

续表

原文	解析
⑫我自己在抗战时，疏散在昆明乡下，初生的孩子，整天啼哭不定，找不到医生，只有请教房东老太太。她一听哭声就知道牙根上生了“假牙”，是一种寄生菌，吃奶时就会发痛，不吃奶又饿。她不慌不忙地要我们用咸菜和蓝青布去擦孩子的嘴腔。一两天果然好了。这地方有这种病，每个孩子都发生，也因之每个母亲都知道怎样治，那是有效的经验。只要环境不变，没有新的细菌侵入，这套不必讲学理的应付方法，总是有效的。既有效也就不必问理由了。 ⑬像这一类的传统，不必知之，只要照办，生活就能得到保障的办法，自然会随之发生一套价值。我们说“灵验”，就是说含有一种不可知的魔力在后面。依照着做就有福，不依照了就会出毛病。于是人们对于传统有了敬畏之感了。 ⑭如果我们对行为和目的之间的关系不加推究，只按着规定的方法做，而且对于规定的方法带着不这样做就会有不幸的信念时，这套行为也就成了我们普通所谓“仪式”了。礼是按着仪式做的意思。“礼”字本是从豊从示。豊是一种祭器，示是指一种仪式。 ⑮礼并不是靠一个外在的权力来推行的，而是从教化中养成了个人的敬畏之感，使人服膺；人服礼是主动的。礼是可以为人所好的，所谓“富而好礼”。孔子很重视服礼的主动性，在下面一段话里说得很清楚： ⑯颜渊问仁。子曰：“克己复礼为仁。一日克己复礼，天下归仁焉。为仁由己，而由人乎哉？”颜渊曰：“请问其目。”子曰：“非礼勿视，非礼勿听，非礼勿言，非礼勿动。”颜渊曰：“回虽不敏，请事斯语矣。” ⑰这显然是和法律不同了，甚至不同于普通所谓道德。法律是从外限制人的，不守法所得到的罚是由	

续表

原文	解析
特定的权力所加之于个人的。人可以逃避法网，逃得脱还可以自己骄傲、得意。道德是社会舆论所维持的，做了不道德的事，见不得人，那是不好；受人唾弃，是耻。礼则有甚于道德：如果失礼，不但不好，而且不对、不合、不成。这是个人习惯所维持的。十目所视，十手所指的，即是在没有人的地方也会不能自已。曾子易箦是一个很好的例子。礼是合式的路子，是经教化过程而成为主动性的服膺于传统的习惯。 ⑱礼治从表面看去好像是人们行为不受规律拘束而自动形成的秩序。其实自动的说法是不确切的，只是主动地服于成规罢了。孔子一再地用“克”字，用“约”字来形容礼的养成，可见礼治并不是离开社会，由于本能或天意所构成的秩序了。// ⑲礼治的可能必须以传统可以有效地应付生活问题为前提。乡土社会满足了这前提，因之它的秩序可以礼来维持。在一个变迁很快的社会，传统的效力是无法保证的。尽管一种生活的方法在过去是怎样有效，如果环境一改变，谁也不能再依着老法子去应付新的问题了。所应付的问题如果要由团体合作的时候，就得大家接受个同意的办法，要保证大家在规定的办法下合作应付共同问题，就得有个力量来控制各个人了。这其实就是法律，也就是所谓“法治”。 ⑳法治和礼治是发生在两种不同的社会情态中。这里所谓礼治也许就是普通所谓人治，但是礼治一词不会像人治一词那样容易引起误解，以致有人觉得社会秩序是可以由个人好恶来维持的了。礼治和这种个人好恶的统治相差很远，因为礼是传统，是整个社会历史在维持这种秩序。礼治社会是并不能在变迁很快的时代中出现的，这是乡土社会的特色。//	Ⅳ. 第四层（第19～20段）：礼治是乡土社会的特色，它的存在前提是传统可以有效地应付生活问题，因此不能在变迁很快的社会里出现。

梳理探究

1. 阅读《无为政治》一篇，梳理写作思路，设计思维导图。

【解析】

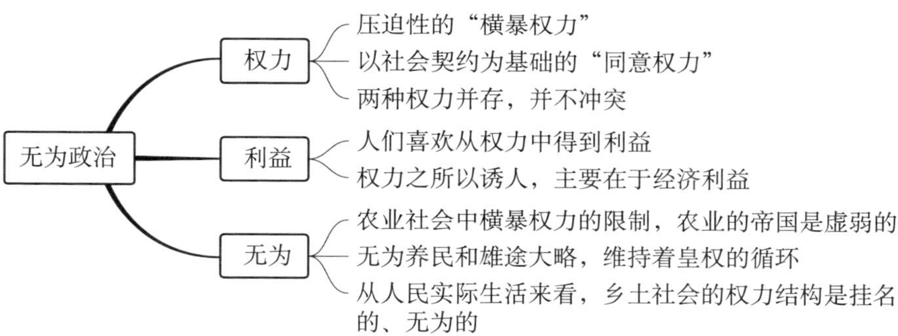

2. 根据《无为政治》《长老统治》两篇，比较横暴权力、同意权力和教化权力。

【解析】

任何一种社会关系的运行都需要有权力作为保障和维系，即便在传统中国乡土社会中也不例外，而且在不同的时期，需要不同的权力作为保障。“礼治”起到的更多的是约束作用。在乡土社会的不断发展中，长期存在的三种权力分别是横暴权力、同意权力和教化权力。

（1）横暴权力

从字面上就能看出这种权力所具有的冲突性和激烈性，掌握这种权力的，一般是两种人，要么是国家的最高统治者，比如皇帝，要么是战争中的胜利方。在一个做事情只讲求传统礼制和规矩的乡土社会中，这种权力是最容易产生的。越是动荡的时期，横暴权力的作用就越明显，谁的实力最充足，谁就掌握主动权。如果说，手握权力的人是为了稳定大局，使国家走向更好的局面，那么利用这份权力也无可厚非，但如果是为了满足一己私欲而滥用这种权力的话，就会激化矛盾，造成更剧烈的社会动荡。横暴权力是一个循环往复的过程。农业性极强的乡土社会是一个逆来顺受的社会，社会中的人们没有什么战斗力，也没有什么反抗精神，于是就这么一代一代地延续，一代一代地逃避，不到真的活不下去的时候是根本不会想到“揭竿而起”的。

（2）同意权力

这是一种温和的权力，它的产生与发展和横暴权力不同，这种权力不需要国家的强制力作为实施的基础，而是人们根据自己在日常生活中的社会分工所达成的一种共识。比如一些公共事务需要大家合力去完成，如果他人没有把自己分内的工作做好，就会影响整体事务的发展，自己的利益也会受到影响，那么在这种情况下，就必须和这位没完成工作的人协商一下，但这种协商不是强制性实施的，而是谈判。简单来说就是，双方可以通过协商，在不破坏对方底线的基础上达成最终的共识。这种权力类似于我们今天说的公约，是双方都必须遵守的。长期的社会生活经验使人们坚信，只有在谈判和妥协一定利益的基础上达成这种社会契约，最终才能形成同意权力，并且让相关公共事务在保障所有人权利的情况下，继续发展下去。

同意权力最值得注意的一点是利益之争。一件事情既然需要双方协商，那么大多数情况下它有两种可能：要么是一方觉得自己吃亏了，要么是双方都觉得利益分配不均。在这种情况下，就需要同意权力出马。其实放眼去看，无论是在乡土社会，还是在今天这个飞速发展的社会，同意权力应该是受欢迎度更高的一种——毕竟“依法治国、依法办事”是时代的主题。乡土和现代的延续性在同意权力上体现出来了。

（3）教化权力

中国社会在根本上是乡土性的，这是一个熟人社会，具有很强的稳定性。在社会继替过程中产生的文化，在稳定的乡土社会中扎下根来，逐渐被人们承认，被整个社会接受，无形中形成了一种教化的力量，即教化权力。教化权力既非民主，又异于专职，费孝通为此提出了“长老统治”这一新的说法。教化权力在稳定的秩序中传递文化与经验。费孝通指出：“教化权力的扩大到成人之间的关系必须得假定个稳定的文化。稳定的文化传统是有效的保证。”“文化不稳定，传统的办法并不足以应付当前的问题时，教化权力必然跟着缩小，缩进亲子关系、师生关系，而且更限于很短的一个时间。”

3. 简要分析“礼治”、“无讼”和“长老统治”之间的关系。

____

____

____

____

____

____

【解析】

礼治秩序的维持力量是教化，通过教化让人们主动服膺礼俗；教化就是强制人们学会礼，在这一过程中就会产生教化权力；社会的责任是教化人们守礼，而不主要通过司法体系惩罚人来保护权利，因而是无讼社会。

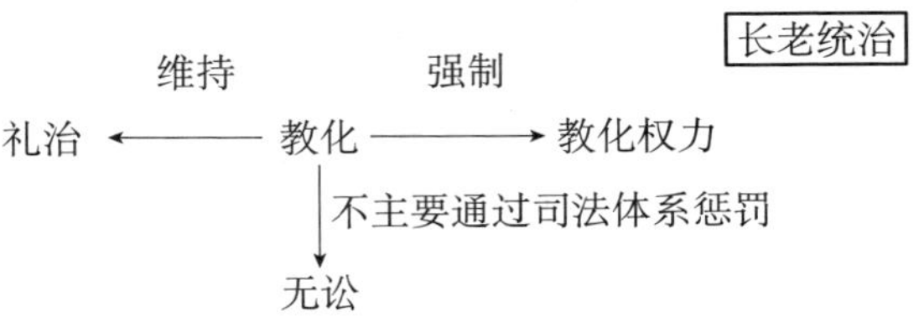

灵活应用

4. 子曰：“道之以政，齐之以刑，民免而无耻。道之以德，齐之

以礼，有耻且格。”（《论语·为政》）

孔子为什么主张“道之以德，齐之以礼”，反对“道之以政，齐之以刑”？请参照《无讼》一篇加以阐释。

【解析】

乡土社会
- 教化——规则成为习惯——良心（主动服膺）——礼治秩序
- 折狱（×）

拓展阅读

阅读下面的选段材料，结合《礼治秩序》《无讼》《无为政治》《长老统治》四篇文章，写下你的阅读体会。

《白鹿原》第四章（选段）

白嘉轩随之陷入一桩纠纷里。在给父亲修造坟墓时，一位前来帮忙搬砖和泥的鹿姓小伙，同他吐露出想卖半亩水地的意向，说他的父亲在土壕里掷骰子输光了家当就没有再进家门，如今死活都不知。白嘉轩爽快地说：“你去寻个中人就行了。你想要多少我给你多少，要粮食可以，要棉花也可以。你朝中人开个口我连回放都不讲。”这个鹿姓小伙儿自然找到冷先生做中人。冷先生向白嘉轩传递了卖主开口的要价，他听了后当即说："再加三斗。"这种罕见的豁达被当作慈心善举在村民中受到赞颂。白鹿村的小姓李家一个寡妇也找到冷先生的中医堂，求他做中人卖掉六分水地给白家，白嘉轩更慷慨地说："孤儿寡母，甭说卖地，就是周济给三斗五斗也是应该的。加上五斗！"

在契约上签名画押后的第二天早晨，白嘉轩来到新买的寡妇家的六分水地里察看，老远瞅见那地里正有人吆着高骡子大马双套牲畜在地里飞梭似地耕作，此值初夏，日头刚冒出原顶，田野一片柔媚。骡马高扬着脖颈，吆犁人扶着犁把儿疲于奔命。地头站着一个穿黑袍的人，高个儿，手叉着腰，那是鹿子霖。白嘉轩不由心头一沉就加快脚步赶到地头。鹿子霖佯装不闻不见，双手背抄在后腰里，攥着从头托到臀部的又黑又精的大辫子，傲然啾视着拽犁奔驰的骡马。白嘉轩一看就火了："子霖，你怎么在我的地里插铧跑马？"鹿子霖佯装惊讶地说："这是我的地呀！"白嘉轩说："这得凭契约说话，不是谁说是谁的就是谁的！"鹿子霖说："我不管契约。是李家寡妇寻到我屋里要把地卖给我。"白嘉轩说："那是白说。昨日黑间李家寡妇已经签字画押了。"鹿子霖拖长声调说："谁管你们黑间做下什么事！李家寡妇借过我五斗麦子八块银元，讲定用这块地做抵押，逾期不还，我当然就要套犁圈地了！"长工刘谋儿正吆着骡马赶到地头，鹿子霖从长工手里夺过鞭子接过犁把儿，勒回牲畜示威似地翻耕起来。白嘉轩一跃上前抓住骡马缰绳。两个年龄相仿的男人随之就厮打在一起。长工刘谋儿是外村人不敢插手，只顾去逮惊跑的牲畜。骡马拖着犁杖，在已经摆穗扬花的麦田里磕磕绊绊地奔跑着。两个男人从李家寡妇的地里扭打到地头干涸的水渠，同时跌倒在渠道的草窝里，然后爬起来继续厮打，又扯拽到刚刚翻过的土地里。这时候村子里拥来许多男女，先是鹿子霖的几个内侄儿插手上阵，接着白嘉轩的亲门近族的男子也上了手，很快席卷为白鹿两姓阵势分明的斗殴，满地都是撕破的布片和丢掉的布鞋。白赵氏和白吴氏婆媳俩颠着一双小脚跑来时，打斗刚刚罢场。

冷先生赶在白家婆媳二人之前到达出事地点，吆喝一声："住手！"有如晴天打雷，震得双方都垂手驻足。冷先生一手持着长袍走上前去，一手拉着白嘉轩，一手拉着鹿子霖朝镇子里走去。无论鹿姓或白姓的人看见主家被拽走了，也就纷纷四散。俩人被冷先生一直拖进他的中医堂。冷先生先关了门以免围观，随之打了两盆水，让他们各自去洗自己脸上手上的血污，然后给他们抓破的伤口敷了白药，止了血。冷先生说："就此罢休的话，你俩现在都回去吃早饭；罢休不了的话，吃罢饭上县去打官司。"说罢拉开门闩，一只手做出请出门的手势。

白嘉轩随后即弄清，李家寡妇确实先把地卖给鹿子霖，而且以借的形式先灌了五斗麦子拿了八块银元，一俟签字画押再算账结清。这当儿看到白嘉轩给那位赌徒儿子的地价比鹿子霖给她的地价高出不少，心里一转就改变主意，要把地卖给白嘉轩，用白嘉轩给她的地款还了鹿子霖的借贷。白嘉轩弄清了这个过程就骂起李家寡妇来："真正的婆娘见诚！"但事已至此，他无法宽容鹿子霖。他在家里对劝解他的人说："权且李家寡妇是女人见识。你来给我说一句，我怎么也不会再要她的地；你啥话不说拉马套犁就圈地，这明显是给我脸上撒尿嘛！"他主意愈加坚定，无论李家寡妇如何妇人见识，这本身与她无关；他现在手里攥着卖地契约，走到州走到县郡是有理气长的官司。他已经向县府投诉。鹿子霖也向县府投诉。

李家寡妇与白嘉轩签字画押以后，鹿子霖当晚就知道了。当双方以及中人冷先生一齐按下蘸了红色印泥的食指的时候，鹿子霖已经做出明早用骡马圈地的相对措施了。鹿子霖把整个卖地的过程向父亲鹿泰桓学说一遍。鹿泰桓问："你看咋办呢？"鹿子霖就说了他的办法，又对这办法作了注释："倒不在乎李家寡妇那六分地。这是白嘉轩给我跷尿骚哩！"鹿泰桓说："能看到这一点就对了。"他默许了儿子已经决定的举措。在他看来，白秉德死了以后，白嘉轩的厄运已经过去，翅膀也硬了，这是儿子鹿子霖的潜在的对手。在他尚健在的时日里，应该看到儿子起码可以成为白嘉轩的一个对手，不能让对方跷腿从头上跷了尿骚！官司一定要打，打到底。倾家荡产也要打赢这场官司。

白嘉轩从滋水县投诉回来顺便走到白鹿书院，同姐夫朱先生诉说了鹿家欺人过甚的事，意在求姐夫能给知县提示一下，使这场肯定赢的官司更有把握。据嘉轩得知，每有新县令到任，无一不登白鹿书院拜谒姐夫朱先生。朱先生说："我昨日已听人说了你与鹿家为地闹仗的事，我已替你写了一份诉状，你下回过堂时递给衙门就行了。记住，回家后再拆看。"

白嘉轩急急回到家，在菜油灯下拆开信封，一小块宣纸上写下稀稀朗朗几行娃娃体毛笔字：

致嘉轩弟

倚势恃强压对方，打斗诉讼两败伤；为富思仁兼重义，谦让一步宽十丈。

白嘉轩读罢就已泄了大半仇气，捏着这纸条找到中医堂的冷先生，连连慨叹“惭愧惭愧”。冷先生看罢纸笺，合掌拍手：“真是维妙一出好戏！嘉轩你瞅……”说着拉开抽屉，把一页纸笺递给嘉轩。嘉轩一看愈觉惊奇，与他交给冷先生的那一页纸笺内容一样，字迹相同，只是题目变成“致子霖兄”。

三天后的一个晚上，冷先生把白嘉轩和鹿子霖一起邀约到中医堂，摆下一桌酒席，把他们交给他的相同内容的纸笺交换送给对方，俩人同时抱拳打拱，互致歉意谦词，然后举酒连饮三杯，重归于好而且好过已往。俩人谁也不好意思再要李家寡妇那六分地了，而且都慨然提出地归原主，白家和鹿家各自周济给李家寡妇一些粮食和银元，帮助寡妇渡过难关。冷先生当即指派药房伙计叫来李家寡妇，当面毁了契约。李家寡妇扑通跪到地上，给白嘉轩、鹿子霖磕头，感动得说不出话只是流眼泪。

这件事传播的速度比白鹿两家打斗的事更快。滋水县令古德茂大为感动，批为“仁义白鹿村”，凿刻石碑一块，红绸裹了，择定吉日，由乐人吹奏升平气象的乐曲，亲自送上白鹿村。一向隐居的朱先生也参加了这一活动。碑子栽在白鹿村的祠堂院子里，从此白鹿村也被人称为仁义庄。

【阅读体会】

06 血缘和地缘

概念阐释

血缘指人和人的权利与义务根据亲属关系来决定。亲属是由生育和婚姻所构成的关系。地缘指的是，所有没有血缘关系的人在一个地方结成社群，它是从商业里发展出来的一种社会关系，是契约社会的基础，是现代社会的特性。

血缘社会的基础是在缺乏变动的社会里，长幼之间发生了社会差次，年长的对年幼的具有强制的权力。在稳定的血缘社会中，父死子继，继承的是职业、身份和财富。血缘所决定的身份地位不容个人选择。籍贯是血缘的空间投影。商业是在血缘之外发展的，因为亲密社群中既无法不互欠人情，也最怕“算账”。血缘是身份社会的基础，地缘是契约社会的基础。契约的完成是权利、义务的清算，需要精密的计算、确当的单位、可靠的媒介。这是冷静的考虑，是被理性支配的。这是现代社会的特性，也是乡土社会所缺的。

原文解析

《血缘和地缘》

原文	解析
①缺乏变动的文化里，长幼之间发生了社会的差次，年长的对年幼的具有强制的权力。这是血缘社会的基础。血缘的意思是人和人的权利和义务根据亲属关系来决定。亲属是由生育和婚姻所构成的关系。血缘，严格说来，只指由生育所发生的亲子关系。事实上，在单系的家族组织中所注重的亲属确多由于生育而少由于婚姻，所以说是血缘也无妨。[1]	I. 第一层（第 1 ～ 3 段）：血缘社会的基础和特点。 [1] 亲属是由生育和婚姻所构成的关系，广义的血缘指这种亲属关系。但作者也指出："血缘，严格说来，只指由生育所发生的亲子关系。"之所以本文所说的血缘关系等同于亲属关系，是因为乡土社会的单系家族"所注重的亲属确多由于生育而少由于婚姻"。
②生育是社会持续所必需的，任何社会都一样，所不同的是说有些社会用生育所发生的社会关系来规定各人的社会地位，有些社会却并不如此。[2] 前者是血缘的。大体上说来，血缘社会是稳定的，缺乏变动；变动得大的社会，也就不易成为血缘社会。[3] 社会的稳定是指它结构的静止，填入结构中各个地位的个人是不能静止的，他们受着生命的限制，不能永久停留在那里，他们是要死的。血缘社会就是想用生物上的新陈代谢作用——生育，去维持社会结构的稳定。父死子继：农人之子恒为农，商人之子恒为商——那是职业的血缘继替；贵人之子依旧贵——那是身份的血缘继替；富人之子依旧富——那是财富的血缘继替。到现在固然很少社会能完全抛弃血缘继替，那是以亲属来担负生育的时代不易做到的；但是社会结构如果发生变动，完全依血缘去继替也属不可能。生育没有社会化之前，血缘作用的强弱似乎是以社会变迁的速率来决定。	[2] 比如中国古代封建王朝的帝王把皇位传给嫡长子——嫡长子继承制是典型的基于生育的社会关系决定社会地位的制度。而现代社会的领导人通过选举产生。
③血缘所决定的社会地位不容个人选择。世界上最用不上意志，同时在生活上又是影响最大的决定，就是谁是你的父母。谁当你的父母，在你说，完全是机会，且是你存在之前的既存事实。社会用这个无法竞争，又不易藏没、歪曲的事实来作为分配各人的职业、身份、财产的标准，似乎是最没有理	

续表

原文	解析
由的了；如果有理由的话，那是因为这是安稳既存秩序的最基本的办法。只要你接受了这原则（我们有谁曾认真地怀疑过这事实？我们又有谁曾想为这原则探讨过存在的理由？），社会里很多可能引起的纠纷也随着不发生了。// ④血缘是稳定的力量。在稳定的社会中，地缘不过是血缘的投影，不分离的。“生于斯，死于斯”把人和地的因缘固定了。生，也就是血，决定了他的地。世代间人口的繁殖，像一个根上长出的树苗，在地域上靠近在一伙。地域上的靠近可以说是血缘上亲疏的一种反映，区位是社会化了的空间。我们在方向上分出尊卑：左尊于右，南尊于北，这是血缘的坐标。空间本身是浑然的，但是我们却用了血缘的坐标把空间划分了方向和位置。当我们用“地位”两字来描写一个人在社会中所占的据点时，这个原是指“空间”的名词却有了社会价值的意义。这也告诉我们“地”的关联派生于社会关系。 ⑤在人口不流动的社会中，自给自足的乡土社会的人口是不需要流动的，家族这社群包含着地域的涵义。[4]村落这个概念可以说是多余的。儿谣里“摇摇摇，摇到外婆家”，在我们自己的经验中，“外婆家”充满着地域的意义。血缘和地缘的合一是社区的原始状态。// ⑥但是人究竟不是植物，还是要流动的。乡土社会中无法避免的是“细胞分裂”的过程，一个人口在繁殖中的血缘社群，繁殖到一定程度，他们不能在一定地域上集居了，那是因为这社群所需的土地面积，因人口繁殖，也得不断地扩大。扩大到一个程度，住的地和工作的地距离太远，阻碍着效率时，这社群不能不在区位上分裂。——这还是以土地可以无限扩张时说的。事实上，每个家族可以向外开	[3] 在中国古代，血缘社会有着漫长的历史。后来科举制在一定程度上发挥了超越血缘实现社会流动的功能。比如在科举制比较完善的宋代，就是通过科举将社会地位以科考成绩来进行分配，而不是贵族子弟依靠血缘就可以获取。 Ⅱ. 第二层（第 4 ～ 5 段）： 在稳定的社会中，地缘是血缘的投影。血缘和地缘的合一是社区的原始状态。 [4] 乡土社会因为人口流动少，家族和地域空间是合一的，这是社区的原始状态。血缘和地缘以重合的方式布排了社会的权力和秩序。

续表

原文	解析
垦的机会很有限，人口繁殖所引起的常是向内的精耕，精耕受着土地报酬递减律的限制，逼着这社群分裂，分出来的部分另外到别的地方去找耕地。 ⑦如果分出去的细胞能在荒地上开垦，另外繁殖成个村落，它和原来的乡村还是保持着血缘的联系，甚至用原来地名来称这新地方，那是说否定了空间的分离。[5] 这种例子在移民社会中很多。在美国旅行的人，如果只看地名，会发生这是个“揉乱了的欧洲”的幻觉。新英伦、纽约（新约克）是著名的；伦敦、莫斯科等地名在美国地图上都找得到，而且不止一个。以我们自己来说罢，血缘性的地缘更是显著。我十岁就离开了家乡——吴江，在苏州城里住了九年，但是我一直在各种文件的籍贯项下填着“江苏吴江”。抗战时期在云南住了八年，籍贯毫无改变，甚至生在云南的我的孩子，也继承着我的籍贯。她的一生大概也得老是填“江苏吴江”了。我们的祖宗在吴江已有二十多代，但是在我们的灯笼上却贴着“江夏费”的大红字。江夏是在湖北，从地缘上说，我有什么理由和江夏攀关系？真和我的孩子一般，凭什么可以和她从来没有到过的吴江发生地缘呢？在这里很显然在我们乡土社会里地缘还没有独立成为一种构成团结力的关系。我们的籍贯是取自我们的父亲的，并不是根据自己所生或所住的地方，而是和姓一般继承的，那是“血缘”，所以我们可以说籍贯只是“血缘的空间投影”。// ⑧很多离开老家漂流到别地方去的并不能像种子落入土中一般长成新村落，他们只能在其他已经形成的社区中设法插进去。如果这些没有血缘关系的人能结成一个地方社群，他们之间的联系可以是纯粹的地缘，而不是血缘了。这样血缘和地缘才能分离。但是事实上在中国乡土社会中却相当困难。我常在各地的村子里看到被称为“客边”[6]、“新	Ⅲ. 第三层（第 6～7 段）： 人口繁殖带来社群在空间上的扩大和分裂，但仍存在保留的血缘联系。 [5] 意思是，就算人口繁殖带来空间分裂，但也并不是实质性的“分离”，只要还保持着血缘上的联系（比如“用原来地名来称这新地方”），那么地缘仍是血缘的投影，即本段所说“血缘性的地缘”。 Ⅳ. 第四层（第 8～10 段）：

续表

原文	解析
客”[7]、“外村人”等的人物。在户口册上也有注明“寄籍”的。在现代都市里都规定着可以取得该地公民权的手续，主要的是一定的居住时期。但是在乡村里居住时期并不是个重要条件，因为我知道许多村子里已有几代历史的人还是被称为“新客”或“客边”的。[8] ⑨我在江村和禄村调查时都注意过这问题：“怎样才能成为村子里的人？”大体上说有几个条件：第一是要生根在土里，在村子里有土地。第二是要从婚姻中进入当地的亲属圈子。这几个条件并不是容易的，因为在中国乡土社会中土地并不充分自由卖买。土地权受着氏族的保护，除非得到氏族的同意，很不易把土地卖给外边人。婚姻的关系固然是取得地缘的门路，一个人嫁到了另一个地方去就成为另一个地方的人（入赘使男子可以进入另一地方社区），但是已经住入了一个地方的“外客”却并不容易娶得本地人做妻子，使他的儿女有个进入当地社区的机会。事实上大概先得有了土地，才能在血缘网中生根。——这不过是我的假设，还得更多比较材料加以证实，才能成立。 ⑩这些寄居于社区边缘上的人物并不能说已插入了这村落社群中，因为他们常常得不到一个普通公民的权利，他们不被视作自己人，不被人所信托。我已说过乡土社会是个亲密的社会，这些人却是“陌生”人，来历不明，形迹可疑。可是就在这个特性上却找到了他们在乡土社会中的特殊职业。[9]// ⑪亲密的血缘关系限制着若干社会活动，最主要的是冲突和竞争；亲属是自己人，从一个根本上长出来的枝条，原则上是应当痛痒相关，有无相通的。而且亲密的共同生活中各人互相依赖的地方是多方	在中国乡土社会，漂流异地的人很难插入村落社群（没有血缘关系的人也很难结成纯粹的地缘关系）。于是寄居于社区边缘上的人物往往成为乡土社会里的“陌生”人。 [6] 客边：外地人。 [7] 新客：外地人。 [8] 所以对于乡土社会里的人来说，背井离乡是不受欢迎的、很困难的事情，是一个残酷的生存挑战。在“熟人”社会，陌生人是不受信任的，而且往往会因为没有了原来熟悉群体的支持而成为受欺压的对象。 [9]“特殊职业”为下文阐述“街集”“商业”的出现做了铺垫。

续表

原文	解析
面和长期的，因之在授受之间无法一笔一笔地清算往回。亲密社群的团结性就依赖于各分子间都相互地拖欠着未了的人情。在我们社会里看得最清楚，朋友之间抢着回账，意思是要对方欠自己一笔人情，像是投一笔资。欠了别人的人情就得找一个机会加重一些去回个礼，加重一些就在使对方反欠了自己一笔人情。来来往往，维持着人和人之间的互助合作。亲密社群中既无法不互欠人情，也最怕“算账”。“算账”“清算”等于绝交之谓，因为如果相互不欠人情，也就无需往来了。 ⑫但是亲属不管怎样亲密，终究还是体外之己；虽说痛痒相关，事实上痛痒走不出皮肤的。如果要维持这种亲密团体中的亲密，不成为“不是冤家不碰头”，也必须避免太重叠的人情。社会关系中权利和义务必须有相当的平衡，这平衡可以在时间上拉得很长，但是如果是一面倒，社会关系也就要吃不消，除非加上强制的力量，不然就会折断的。防止折断的方法之一是在减轻社会关系上的担负。举一个例子来说：云南乡下有一种称上賨的钱会，是一种信用互助组织。我调查了参加賨的人的关系，看到两种倾向，第一是避免同族的亲属，第二是侧重在没有亲属关系的朋友方面。我问他们为什么不找同族亲属入賨？他们的理由是很现实的。同族的亲属理论上有互通有无、相互救济的责任，如果有能力、有好意，不必入賨就可以直接给钱帮忙。事实上，这种慷慨的亲属并不多，如果拉了入賨，假若不按期交款时，碍于人情不能逼，结果賨也吹了。所以他们干脆不找同族亲属。其他亲属如舅家的人虽有入賨的，但是也常发生不交款的事。我调查时就看到一位賨首为此发急的情形。他很感慨地说：钱上往来最好不要牵涉亲戚。这句话就是我刚才所谓减轻社会关系上的担负的注解。	V. 第五层（第 11 ～ 16 段）： 从血缘结合到地缘结合的转变过程为：亲密社群的团结性依赖于各分子间互欠人情；而随着社会对维持相互间权利和义务平衡的需求提升，“当场算清”的需要增加，于是“无情”的街集出现，寄籍在血缘性社区边缘上的外边人成了商业活动的媒介——由此从商业里发展出来了地缘关系。 [10] 人情有特殊性，针对一个具体的人的人情是不能推广到另一个人的。社会交易多了，需要维持相互间权利和义务的平衡，这就超出了人情的范畴，所以货币是非常重要的“清算的单位和媒介”。

续表

原文	解析
⑬社会生活愈发达，人和人之间往来也愈繁重，单靠人情不易维持相互间权利和义务的平衡。于是“当场算清”的需要也增加了。货币是清算的单位和媒介，有了一定的单位，清算时可以正确；有了这媒介可以保证各人间所得和所欠的信用。[10]“钱上往来”就是这种可以当场算清的往来，也就是普通包括在“经济”这个范围之内的活动，狭义地说是生意经，或是商业。	
⑭在亲密的血缘社会中商业是不能存在的。这并不是说这种社会不发生交易，而是说他们的交易是以人情来维持的，是相互馈赠的方式。实质上馈赠和贸易都是有无相通，只在清算方式上有差别。以馈赠来经营大规模的易货在太平洋岛屿间还可以看得到。Malinowski 所描写和分析的 Kulu 制度[11]就是一个例证。但是这种制度不但复杂，而且很受限制。普通的情形是在血缘关系之外去建立商业基础。在我们乡土社会中，有专门做贸易活动的街集。街集时常不在村子里，而在一片空场上，各地的人到这特定的地方，各以“无情”的身份出现。在这里大家把原来的关系暂时搁开，一切交易都得当场算清。我常看见隔壁邻舍大家老远地走上十多里在街集上交换清楚之后，又老远地背回来。他们何必到街集上去跑这一趟呢，在门前不是就可以交换的么？这一趟是有作用的，因为在门前是邻舍，到了街集上才是“陌生”人。当场算清是陌生人间的行为，不能牵涉其他社会关系的。	[11]Kulu 制度是马林诺夫斯基（Malinowski，英国社会人类学家）在其著作《西太平洋上的航海者》中提到的西太平洋岛屿土著部落的一种独特的交易方式，交易物品为白贝臂镯与红贝项链，臂镯沿逆时针由一个岛传向另一个岛，项链沿顺时针从一个岛传向另一个岛。
⑮从街集贸易发展到店面贸易的过程中，“客边”的地位有了特殊的方便了。寄籍在血缘性社区边缘上的外边人成了商业活动的媒介。村子里的人对他可以讲价钱，可以当场算清，不必讲人情，没有什么不好意思。所以依我所知道的村子里开店面的，除了穷苦的老年人摆个摊子，等于是乞丐性质外，大	[12] 陈心想在《走出乡土》中对此有非常精要的解读：“货币主导的社会，把人从土地里解放了出来。这样，血缘结合在以货币收

续表

原文	解析
多是外边来的“新客”。商业是在血缘之外发展的。 ⑯地缘是从商业里发展出来的社会关系。血缘是身份社会的基础，而地缘却是契约社会的基础。契约是指陌生人中所做的约定。在订定契约时，各人有选择的自由，在契约进行中，一方面有信用，一方面有法律。法律需要一个同意的权力去支持。契约的完成是权利义务的清算，须要精密的计算，确当的单位，可靠的媒介。在这里是冷静的考虑，不是感情，于是理性支配着人们的活动——这一切是现代社会的特性，也正是乡土社会所缺的。[12]// ⑰从血缘结合转变到地缘结合是社会性质的转变，也是社会史上的一个大转变。//	入为目标的职业导向下逐渐瓦解，以地缘为组织方式的新秩序产生了。” Ⅵ. 第六层（第17段）： 点明社会性质从血缘结合转变到地缘结合的重大意义。

梳理探究

1.《乡土中国》第12～14篇，每一篇的标题都有两两相对的概念，从概念的变化中可以窥见社会的变化发展。谈谈与乡土社会相比，现代社会发生了怎样的变化。

【解析】

社会性质从血缘结合转变到地缘结合，从身份社会转变为契约社会，支配人们活动的不再是人情而是理情。商业越来越发达；在乡土社会的长老权力下，人们表面上承认传统的形式，却通过注释改变其内容。原意被歪曲，名实逐渐分离。在乡土社会，人们行为的动机是欲望，欲望经文化陶冶合于生存条件，现代社会文化不能有效满足生活，人们注意到了生存条件本身，重视“功能”，人们的行为动机变成了需要。

灵活应用

2. 人们常说“熟人的生意难做”，请从血缘社会的角度展开分析。

____

____

____

____

____

____

【解析】

“熟人”是血缘社会的一种产物，血缘关系依靠的是血缘、婚姻等亲属关系，血缘社会中的人与人之间的权利和义务是根据亲属关系确定的。人与人之间的团结性依赖的是人们之间相互拖欠着的未了的人情，相互间的交易是以人情来维持的。在这种社会或社群中，人与人之间无法做到不互欠人情，无法清楚、纯粹地确定权利和义务。如果算账、清算，那就等于绝交，就把自己摆在了大多数人的对立面，甚至导致自己无法在这个社群中生存下去。

而做生意是商业行为，要求算账、清算。可以不讲人情要求，维持相互间权利和义务的平衡，讲求契约，依靠信用和法律维持契约的进行，所以常说“熟人的生意难做”。

3. 在老舍的小说《二马》中，伊牧师请初到英国的老马和小马吃饭，文中有这样一段描写：

三个人都吃完了，伊牧师叫马威把酒杯和碟子都送回去，然后对马老先生说：“一个人一个先令。不对，咱们俩还多喝着一杯酒，马威是一个先令，你是一个零六，还有零钱？”

老马先生真没想到这一招儿，心里说：几个先令的事，你作牧师的还不花，你算那道牧师呢！他故意地透着俏皮，反张罗着会伊牧师的账。

“不！不！到英国按着英国法子办，自己吃自己，不让！”伊牧师说。

现在许多中国人请客吃饭，仍是喜欢抢着付账，不过许多年轻人更喜欢 AA 制。谈谈你对这些现象的理解。

____

____

____

____

____

____

【解析】

乡土中国是血缘社会，亲密人群靠人情维持关系。老马和许多传统的中国人认为应该替朋友付账，让对方欠自己人情，老马难以理解伊牧师不替朋友付账的行为。西方社会是地缘社会，中国社会也在向地缘社会转变。在地缘社会，人们会理性地清算权利和义务，不受人情支配，这就摆脱了社会关系上的负担。所以伊牧师和当下的中国年轻人喜欢 AA 制，朋友之间互不相欠，没有负担，是相似的。

拓展阅读

阅读下面的材料，结合《血缘和地缘》，写下你的阅读体会。

01 陌生人

北岛

你在博物馆
大理石地面上狠狠
摔了一跤，鞋
在冰封的河上滑得很
远，我坐在船上
似乎晕了船
不停地拨着电话
却不知打给谁
下班铃声响了三遍
随着沉默的人流
你绝望地盯住了红灯
热带雨林中的落日

令人神往，我
把香蕉皮似的手套翻过来
抖落细沙和烟末

再刮掉寂寞的胡须
和肥皂沫一起
溅到模糊不清的
镜子上，你跨过水坑
看见那陌生的影子
背后是广告牌上的天空
一只玻璃的鸽子
落在地上，我
钻到床下寻找着
手被闪烁的星星划破
昏暗的电影院里
你含着糖块
为一个悲惨的故事
哭泣，我打开灯
靠在门上笑了
有那么多机会和你认识
看来我们并不是
陌生人，门柄
转动了一下

02 我们所生活的世界几乎被陌生人充斥，而使得它看起来像是一个普遍的陌生的世界。我们生活在陌生人之中，而我们也是陌生人。

——齐尔格特·鲍曼

【阅读体会】

第三章

走出《乡土中国》

一、溯源《论语》："道之以德，齐之以礼"

阅读补充资料《〈论语〉中的"礼"》，以及《乡土中国》中的《差序格局》《系维着私人的道德》《家族》《男女有别》《礼治秩序》《无讼》《无为政治》等章节，深入思考，写一篇文章，探讨《论语》中的"礼"和《乡土中国》中的"礼"的关系与异同（比如渊源、含义、功用等方面）。

《论语》中的"礼"

许慎在《说文解字》中说："礼，履也。所以事神致福也。从示从豊，豊亦声。""礼"起源于宗教，祭祀地神、天神。"礼"是孔子的基本思想。春秋时期礼崩乐坏，孔子仍然坚持复归周礼，他对"礼"持肯定态度。在国家层面，孔子坚持"为国以礼""礼让为国"；在教学方面，他坚持"不学礼，无以立"；在个人层面，他讲究"仁"，"仁"是"礼"的实质与核心，体现了社会的道德准则与伦理要求。

《论语·学而》

《论语·学而》主要集中讲"礼"是施行"仁"的基础。

1.12 有子曰："礼之用，和为贵。先王之道，斯为美，小大由之。有所不行，知和而和，不以礼节之，亦不可行也。”

有子曰：“礼之用，和为贵。”“礼”的最终目的就是“和”。孔子提出治国之道，强调“礼”的功用，以遇事做得恰当和顺为贵。但一味追求和顺，却不用“礼”去约束，也是行不通的。

孔子认为，“和”由“礼”所致。“和”是和谐、协调的意思，是“礼”执行后而呈现的美好结果。孔子提倡君臣、君民、父子等关系都要用明确的礼节来表达，不能有逾越和违犯。礼在这里体现的是约束，并且是双方相互的约束关系。孔子把和谐当作“礼”的最高目标、最后目的。而和谐的境界往往与“乐”分不开，是一种“乐”的境界。所以，《论语》中常常将“礼”与“乐”相提并论。礼乐在社会生活中起着重要作用，是一个国家政治稳定与否的重要体现，也是一个成熟的人、一个人格完善的人不可或缺的。和谐意味着社会成员之间由分离、隔阂以及由此导致的紧张、纷争走向融合、协调。从某种意义上说，人们心灵感情之间的相通相感，也可以看作确立某种心理感情的秩序。天下的和平则使社会本身有序化。

1.13 有子曰：“信近于义，言可复也。恭近于礼，远耻辱也。因因不失其亲，亦可宗也。”

1.15 子贡曰：“贫而无谄，富而无骄，何如？”子曰：“可也。未若贫而乐，富而好礼者也。”子贡曰：“《诗》云：‘如切如磋，如琢如磨。’其斯之谓与？”子曰：“赐也，始可与言《诗》已矣，告诸往而知来者。”

本篇记载了子贡和孔子讨论如何对待穷和富的问题。子贡向孔子请教：贫穷而不谄媚，富有而不傲慢，怎样？想必在子贡内心这是很高的境界，但孔子说，还不如贫而乐道，富有却好礼。可见，

“礼”在孔子仁道体系中起到基础作用，而“孝”则是“礼”的再具体表现，形成了孝、礼、仁逐渐深入的仁道体系。

《论语·为政》

2.3 子曰：“道之以政，齐之以刑，民免而无耻。道之以德，齐之以礼，有耻且格。”

孔子认为，人只有广泛地学习文化知识，并以礼仪约束自己，才可以不背离正道。在《论语·为政》中，孔子提到统治者如果用政令和惩罚来统治百姓，人们只会免于惩罚；如果用道德教化百姓，用礼制去约束他们，百姓会归服统治者。

2.5 孟懿子问孝。子曰：“无违。”樊迟御，子告之曰：“孟孙问孝于我，我对曰，无违。”樊迟曰：“何谓也？”子曰：“生，事之以礼；死，葬之以礼，祭之以礼。”

能够以“礼”的规定办事，无论是父母在世时的赡养义务，还是父母去世后的悼念程序，这样就是尽孝。

2.23 子张问：“十世可知也？”子曰：“殷因于夏礼，所损益，可知也；周因于殷礼，所损益，可知也。其或继周者，虽百世，可知也。”

孔子认为，礼制因革而变，有章可循，因往知来。

《论语·八佾》

《论语·八佾》比较集中地论述了孔子思想体系中“礼”的思想，具体有：反对鲁国大夫僭越国君之礼、射礼、祭祀礼、太庙之礼、事君之礼，以及“礼”之本质“仁德”等具体细节。从该篇可得知，就社会、集体、个人而言，没有礼是不符合孔子整个思想体系的。

3.3 子曰：“人而不仁，如礼何？人而不仁，如乐何？”

3.4 林放问礼之本。子曰：“大哉问！礼，与其奢也，宁俭。丧，与其易也，宁戚。”

3.8 子夏问曰：“‘巧笑倩兮，美目盼兮，素以为绚兮。’何谓也？”子曰：“绘事后素。”曰：“礼后乎？”子曰：“起予者商也！始可与言《诗》已矣。”

3.9 子曰：“夏礼，吾能言之，杞不足征也；殷礼，吾能言之，宋不足征也。文献不足故也。足，则吾能征之矣。”

3.15 子入太庙，每事问。或曰：“孰谓鄹人之子知礼乎？入太庙，每事问。”子闻之，曰：“是礼也。”

3.17 子贡欲去告朔之饩羊。子曰：“赐也！尔爱其羊，我爱其礼。”

3.18 子曰：“事君尽礼，人以为谄也！”

3.19 定公问：“君使臣，臣事君，如之何？”孔子对曰：“君使臣以礼，臣事君以忠。”

3.22 子曰：“管仲之器小哉！”或曰：“管仲俭乎？”曰：“管氏有三归，官事不摄，焉得俭？”“然则管仲知礼乎？”曰：“邦君树塞门，管氏亦树塞门。邦君为两君之好，有反坫，管氏亦有反坫。管氏而知礼，孰不知礼？”

【自主阅读】

6.27 子曰：“君子博学于文，约之以礼，亦可以弗畔矣夫。”

7.31 陈司败问：“昭公知礼乎？”孔子曰：“知礼。”孔子退，揖巫马期而进之，曰："吾闻君子不党，君子亦党乎？君取于吴，为同姓，谓之吴孟子。君而知礼，孰不知礼？"巫马期以告。子曰："丘也幸，苟有过，人必知之。"

8.2 子曰："恭而无礼则劳，慎而无礼则葸，勇而无礼则乱，直而无礼则绞。君子笃于亲，则民兴于仁；故旧不遗，则民不偷。"

8.8 子曰："兴于诗，立于礼，成于乐。"

9.3 子曰："麻冕，礼也。今也纯，俭，吾从众。拜下，礼也。今拜乎上，泰也。虽违众，吾从下。"

11.1 子曰："先进于礼乐，野人也；后进于礼乐，君子也。如用之，则吾从先进。"

11.26 子路、曾皙、冉有、公西华侍坐。子曰："以吾一日长乎尔，毋吾以也。居则曰：'不吾知也！'如或知尔，则何以哉？"子路率尔而对曰："千乘之国，摄乎大国之间，加之以师旅，因之以饥馑，由也为之，比及三年，可使有勇，且知方也。"夫子哂之。"求！尔何如？"对曰："方六七十，如五六十，求也为之，比及三年，可使足民。如其礼乐，以俟君子。""赤！尔何如？"对曰："非曰能之，愿学焉。宗庙之事，如会同，端章甫，愿为小相焉。""点！尔何如？"鼓瑟希，铿尔，舍瑟而作，对曰："异乎三子者之撰。"子曰："何伤乎？亦各言其志也。"曰："莫春者，春服既成，冠者五六人，童子六七人，浴乎沂，风乎舞雩，咏而归。"夫子喟然叹曰："吾与点也！"三子者出，曾皙后。曾皙曰："夫三子者之言何如？"子曰："亦各言其志也已矣。"曰："夫子何哂由也？"曰："为国以礼，其言不让，是故哂之。""唯求则非邦也与？""安见方六七十如五六十而非邦也者？""唯赤则非邦也与？""宗庙会同，非诸侯而何？赤也为之小，孰能为之大？”

12.1 颜渊问仁。子曰：“克己复礼为仁。一日克己复礼，天下归仁焉。为仁由己，而由人乎哉？”颜渊曰：“请问其目。”子曰：“非礼勿视，非礼勿听，非礼勿言，非礼勿动。”颜渊曰：“回虽不敏，请事斯语矣。”

13.4 樊迟请学稼。子曰：“吾不如老农。”请学为圃。曰：“吾不如老圃。”樊迟出。子曰：“小人哉，樊须也！上好礼，则民莫敢不敬；上好义，则民莫敢不服；上好信，则民莫敢不用情。夫如是，则四方之民襁负其子而至矣，焉用稼？”

15.18 子曰：“君子义以为质，礼以行之，孙以出之，信以成之。君子哉！”

16.2 孔子曰：“天下有道，则礼乐征伐自天子出；天下无道，则礼乐征伐自诸侯出。自诸侯出，盖十世希不失矣；自大夫出，五世希不失矣；陪臣执国命，三世希不失矣。天下有道，则政不在大夫。天下有道，则庶人不议。”

16.13 陈亢问于伯鱼曰：“子亦有异闻乎？”对曰：“未也。尝独立，鲤趋而过庭。曰：‘学诗乎？’对曰：‘未也。’‘不学诗，无以言。’鲤退而学诗。他日，又独立，鲤趋而过庭。曰：‘学礼乎？’对曰：‘未也。’‘不学礼，无以立。’鲤退而学礼。闻斯二者。”陈亢退而喜曰：“问一得三，闻诗，闻礼，又闻君子之远其子也。”

17.11 子曰：“礼云礼云，玉帛云乎哉？乐云乐云，钟鼓云乎哉？”

20.3 孔子曰：“不知命，无以为君子也。不知礼，无以立也。不知言，无以知人也。”

从以上各篇可以看出，《论语》中的“礼”大致包括三个方面：第一，指礼仪、典礼、礼节，如婚礼、丧礼等；第二，指政治的等级制度，是一套以“君君、臣臣、父父、子子”为模式的等级制度和以血缘关系为核心的宗法关系；第三，指伦理道德，“礼”包括孝、慈、忠、仁、宽，具体包括君臣之礼、父子之礼、朋友之礼、祭祀之礼。本书第四章“学思践悟”的“读写结合”一节将对此话题展开研究、讨论。

二、《红楼梦》之旅：一个贫苦村妇与簪缨大族的“交情”

《红楼梦》有着“百科全书”的美誉，正如鲁迅先生所说：“经学家看见《易》，道学家看见淫，才子看见缠绵，革命家看见排满，流言家看见宫闱秘事……”十年呕心沥血，曹雪芹不但成功塑造了众多有血有肉的人物，而且凭借其深厚的积淀与独到的笔力，使该书成为中华文化的标志性“建筑”。贾府宛然社会的缩影，从美食文化、建筑文化，到人生观、爱情观，无一不洋溢着生活的气息，镌刻着时代的印记。

《红楼梦》中错综复杂的家族关系尤为引人注目。贾府是典型的以父系原则组成的大家族，正如《乡土中国》中所说，家族的结构是父系单线的扩展。贾府的男子严格按照排字取名：第一代水字辈，紧跟着代字辈、文字辈、玉字辈，最小的是草字辈。贾府还有宗祠，除夕要祭祖。祭祖时贾府子弟按照左昭右穆排列。左昭右穆：二世、四世、六世，位于始祖之左方，称“昭”；三世、五世、七世，位于始祖之右方，称“穆”。

除此之外，四大家族互通婚姻、交往频繁，最终形成的家族关系网令人眼花缭乱。《乡土中国》中提到家族在中国乡土社会中不仅是简单亲子组合的扩大，还承担着政治、经济、宗教等诸多功能。而贾、史、王、薛这样富可敌国、声名显赫的名门望族，对当时社会和国家的发展都举足轻重，因此世代子孙的延续和传承对他们而言显得尤为重要。“家是最小国，国是千万家。”家族对于社会和国家的重要意义不言而喻——它是社会最稳定的基层单位，而家族制度则是中国传统文化的重要组成部分。“家必须是绵续的，不因个人的长成而分裂，不因个人的死亡而结束。”家需要延续，若只有简单的亲子组合，则家族前途未卜，甚至很有可能绝烟火。

费孝通说中国人的“家”的概念可大可小，自家人的范围因时因地可伸缩：大的时候可以通过联姻组成四大家族联盟，就连贾雨村也可以通过宗亲攀上关系；可是势力一变，树倒猢狲散，连巧姐也被那爱银钱、忘骨肉的狠舅奸兄坑。所以《红楼梦》中也早有预言：“三春去后诸芳尽，各自须寻各自门。”

阅读相关名著选段，结合《乡土中国》中《差序格局》《家族》等章节，深入思考，以“从乡土社会视角看不一样的《红楼梦》”为题，写一篇文章。

《红楼梦》（第六回选段）

按荣府中一宅人合算起来，人口虽不多，从上至下也有三四百丁；虽事不多，一天也有一二十件，竟如乱麻一般，并无个头绪可作纲领。正寻思从那一件事自那一个人写起方妙，恰好忽从千里之外，芥荳之微，小小一个人家，因与荣府略有些瓜葛，这日正往荣府中来，因此便就此一家说来，倒还是头绪。你道这一家姓甚名谁，又与荣府有甚瓜葛？且听细讲。

方才所说的这小小之家，乃本地人氏，姓王，祖上曾作过小小的一个京官，昔年与凤姐之祖王夫人之父认识。因贪王家的势利，便连了宗认作侄儿。那时只有王夫人之大兄凤姐之父与王夫人随在京中的，知有此一门连宗之族，馀者皆不认识。目今其祖已故，只有一个儿子，名唤王成，因家业萧条，仍搬出城外原乡中住去了。王成新近亦因病故，只有其子，小名狗儿。狗儿亦生一子，小名板儿，嫡妻刘氏，又生一女，名唤青儿。一家四口，仍以务农为业。因狗儿白日间又作些生计，刘氏又操井臼等事，青板姊弟两个无人看管，狗儿遂将岳母刘姥姥接来一处过活。这刘姥姥乃是个积年的老寡妇，膝下又无儿女，只靠两亩薄田度日。今者女婿接来养活，岂不愿意，遂一心一计，帮趁着女儿女婿过活起来。

因这年秋尽冬初，天气冷将上来，家中冬事未办，狗儿未免心中烦虑，吃了几杯闷酒，在家闲寻气恼，刘氏也不敢顶撞。因此刘姥姥看不过，乃劝道："姑爷，你别嗔着我多嘴。咱们村庄人，那一个不是老老诚诚的，守多大碗儿吃多大的饭。你皆因年小的时候，托着你那老家之福，吃喝惯了，如今所以把持不住。有了钱就顾头不顾尾，没了钱就瞎生气，成个什么男子汉大丈夫呢！如今咱们虽离城住着，终是天子脚下。这长安城中，遍地都是钱，只可惜没人会去拿去罢了。在家跳蹋会子也不中用。"狗儿听说，便急道："你老只会炕头儿上混说，难道叫我打劫偷去不成？"刘姥姥道："谁叫你偷去呢。也到底想法儿大家裁度，不然那银子钱自己跑到咱家来不成？"狗儿冷笑道："有法儿还等到这会子呢。我又没有收税的亲戚，作官的朋友，有什么法子可想的？便有，也只怕他们未必来理我们呢！”

刘姥姥道：“这倒不然。谋事在人，成事在天。咱们谋到了，看菩萨的保佑，有些机会，也未可知。我倒替你们想出一个机会来。当日你们原是和金陵王家连过宗的，二十年前，他们看承你们还好；如今自然是你们拉硬屎，不肯去亲近他，故疏远起来。想当初我和女儿还去过一遭。他们家的二小姐着实响快，会待人，倒不拿大。如今现是荣国府贾二老爷的夫人。听得说，如今上了年纪，越发怜贫恤老，最爱斋僧敬道，舍米舍钱的。如今王府虽升了边任，只怕这二姑太太还认得咱们。你何不去走动走动，或者他念旧，有些好处，也未可知。要是他发一点好心，拔一根寒毛比咱们的腰还粗呢。”刘氏一旁接口道：“你老虽说的是，但只你我这样个嘴脸，怎样好到他门上去的。先不先，他们那些门上的人也未必肯去通信。没的去打嘴现世。”

谁知狗儿利名心最重，听如此一说，心下便有些活动起来。又听他妻子这话，便笑接道：“姥姥既如此说，况且当年你又见过这姑太太一次，何不你老人家明日就走一趟，先试试风头再说。”刘姥姥道：“嗳哟哟！可是说的‘侯门深似海’，我是个什么东西，他家人又不认得我，我去了也是白去的。”狗儿笑道：“不妨，我教你老人家一个法子：你竟带了外孙子板儿，先去找陪房周瑞，若见了他，就有些意思了。这周瑞先时曾和我父亲交过一件事，我们极好的。”刘姥姥道：“我也知道他的。只是许多时不走动，知道他如今是怎样。这也说不得了，你又是个男人，又这样个嘴脸，自然去不得；我们姑娘年轻媳妇子，也难卖头卖脚的，倒还是舍着我这付老脸去碰一碰。

果然有些好处，大家都有益；便是没银子来，我也到那公府侯门见一见世面，也不枉我一生。”说毕，大家笑了一回。当晚计议已定。

次日天未明，刘姥姥便起来梳洗了，又将板儿教训了几句。那板儿才五六岁的孩子，一无所知，听见带他进城逛去，便喜的无不应承。于是刘姥姥带他进城，找至宁荣街。

来至荣府大门石狮子前，只见簇簇轿马，刘姥姥便不敢过去，且掸了掸衣服，又教了板儿几句话，然后蹭到角门前。只见几个挺胸叠肚指手画脚的人，坐在大板凳上，说东谈西呢。刘姥姥只得蹭上来问：“太爷们纳福。”众人打量了他一会，便问“那里来的？”刘姥姥陪笑道：“我找太太的陪房周大爷的，烦那位太爷替我请他老出来。”那些人听了，都不瞅睬，半日方说道：“你远远的在那墙角下等着，一会子他们家有人就出来的。”内中有一老年人说道：“不要误他的事，何苦耍他。”因向刘姥姥道：“那周大爷已往南边去了。他在后一带住着，他娘子却在家。你要找时，从这边绕到后街上后门上去问就是了。”

刘姥姥听了谢过，遂携了板儿，绕到后门上。只见门前歇着些生意担子，也有卖吃的，也有卖顽耍物件的，闹吵吵三二十个小孩子在那里厮闹。刘姥姥便拉住一个道：“我问哥儿一声，有个周大娘可在家么？”孩子们道：“那个周大娘？我们这里周大娘有三个呢，还有两个周奶奶，不知是那一行当的？”刘姥姥道：“是太太的陪房周瑞。”孩子道：“这个容易，你跟我来。”说着，跳蹿蹿的引着刘姥姥进了后门，至一院墙边，指与刘姥姥道：“这就是他家。”又叫道：“周大娘，有个老奶奶来找你呢，我带了来了。”

周瑞家的在内听说，忙迎了出来，问：“是那位？”刘姥忙迎上来问道："好呀，周嫂子！"周瑞家的认了半日，方笑道："刘姥姥，你好呀！你说说，能几年，我就忘了。请家里来坐罢。"刘姥姥一壁里走着，一壁笑说道："你老是贵人多忘事，那里还记得我们呢。"说着，来至房中。周瑞家的命雇的小丫头倒上茶来吃着。周瑞家的又问板儿道："你都长这们大了！"又问些别后闲话。又问刘姥姥："今日还是路过，还是特来的？"刘姥姥便说："原是特来瞧瞧嫂子你，二则也请请姑太太的安。若可以领我见一见更好，若不能，便借重嫂子转致意罢了。"

周瑞家的听了，便已猜着几分来意。只因昔年他丈夫周瑞争买田地一事，其中多得狗儿之力，今见刘姥姥如此而来，心中难却其意；二则也要显弄自己的体面。听如此说，便笑说道："姥姥你放心。大远的诚心诚意来了，岂有个不教你见个真佛去的呢。论理，人来客至回话，却不与我相干。我们这里都是各占一样儿：我们男的只管春秋两季地租子，闲时只带着小爷们出门子就完了；我只管跟太太奶奶们出门的事。皆因你原是太太的亲戚，又拿我当个人，投奔了我来，我就破个例，给你通个信去。但只一件，姥姥有所不知，我们这里又不比五年前了。如今太太竟不大管事，都是琏二奶奶管家了。你道这琏二奶奶是谁？就是太太的内侄女，当日大舅老爷的女儿，小名凤哥的。"刘姥姥听了，罕问道："原来是他！怪道呢，我当日就说他不错呢。这等说来，我今儿还得见他了。"周瑞家的道："这自然的。如今太太事多心烦，有客来了，略可推得去的就推过去了，都是凤姑娘周旋迎待。今儿宁可不会太太，倒要见他一面，才不枉这里来一遭。"刘姥姥道："阿弥陀佛！全仗嫂子方便了。"周瑞家的道："说那里话。俗语说的：'与人方便，自己方便。'

不过用我说一句话罢了，害着我什么。”说着，便叫小丫头到倒厅上悄悄的打听打听，老太太屋里摆了饭了没有。小丫头去了。这里二人又说些闲话。

刘姥姥因说：“这凤姑娘今年大还不过二十岁罢了，就这等有本事，当这样的家，可是难得的。”周瑞家的听了道：“我的姥姥，告诉不得你呢。这位凤姑娘年纪虽小，行事却比世人都大呢。如今出挑的美人一样的模样儿，少说些有一万个心眼子。再要赌口齿，十个会说话的男人也说他不过。回来你见了就信了。就只一件，待下人未免太严些个。”说着，只见小丫头回来说：“老太太屋里已摆完了饭了，二奶奶在太太屋里呢。”周瑞家的听了，连忙起身，催着刘姥姥说：“快走，快走。这一下来他吃饭是个空子，咱们先赶着去。若迟一步，回事的人也多了，难说话。再歇了中觉，越发没了时候了。”说着一齐下了炕，打扫打扫衣服，又教了板儿几句话，随着周瑞家的，逶迤往贾琏的住处来。

先到了倒厅，周瑞家的将刘姥姥安插在那里略等一等。自己先过了影壁，进了院门，知凤姐未下来，先找着凤姐的一个心腹通房大丫头名唤平儿的。周瑞家的先将刘姥姥起初来历说明，又说：“今日大远的特来请安。当日太太是常会的，今日不可不见，所以我带了他进来了。等奶奶下来，我细细回明，奶奶想也不责备我莽撞的。”平儿听了，便作了主意：“叫他们进来，先在这里坐着就是了。”周瑞家的听了，方出去引他两个进入院来。

上了正房台矶，小丫头打起猩红毡帘，才入堂屋，只闻一阵香扑了脸来，竟不辨是何气味，身子如在云端里一般。满屋中之物都耀眼争光的，使人头悬目眩。刘姥姥此时惟点头咂嘴念佛而已。于是来至东边这间屋内，乃是贾琏的女儿大姐儿睡觉之所。平儿站在炕沿边，打量了刘姥姥两眼，只得问个好让坐。刘姥姥见平儿遍身绫罗，插金带银，花容玉貌的，便当是凤姐儿了。才要称姑奶奶，忽见周瑞家的称他是平姑娘，又见平儿赶着周瑞家的称周大娘，方知不过是个有些体面的丫头了。于是让刘姥姥和板儿上了炕，平儿和周瑞家的对面坐在炕沿上，小丫头子斟了茶来吃茶。

刘姥姥只听见咯当咯当的响声，大有似乎打箩柜筛面的一般，不免东瞧西望的。忽见堂屋中柱子上挂着一个匣子，底下又坠着一个秤砣般一物，却不住的乱幌。刘姥姥心中想着："这是什么爱物儿？有甚用呢？"正呆时，只听得当的一声，又若金钟铜磬一般，不防倒唬的一展眼。接着又是一连八九下。方欲问时，只见小丫头子们齐乱跑，说："奶奶下来了。"周瑞家的与平儿忙起身，命刘姥姥"只管等着，是时候我们来请你。"说着，都迎出去了。

刘姥姥屏声侧耳默候。只听远远有人笑声，约有一二十妇人，衣裙窸窣，渐入堂屋，往那边屋内去了。又见两三个妇人，都捧着大漆捧盒，进这边来等候。听得那边说了声"摆饭"，渐渐的人才散出，只有伺候端菜的几个人。半日鸦雀不闻之后，忽见二人抬了一张炕桌来，放在这边炕上，桌上碗盘森列，仍是满满的鱼肉在内，不过略动了几样。板儿一见了，便吵着要肉吃，刘姥姥一巴掌打了他去。忽见周瑞家的笑嘻嘻走过来，招手儿叫他。刘姥姥会意，于是带了板儿下炕，至堂屋中，周瑞家的又和他唧咕了一会，方过这边屋里来。

只见门外錾铜钩上悬着大红撒花软帘，南窗下是炕，炕上大红毡条，靠东边板壁立着一个锁子锦靠背与一个引枕，铺着金心绿闪缎大坐褥，旁边有雕漆痰盒。那凤姐儿家常带着秋板貂鼠昭君套，围着攒珠勒子，穿着桃红撒花袄，石青刻丝灰鼠披风，大红洋绉银鼠皮裙，粉光脂艳，端端正正坐在那里，手内拿着小铜火箸儿拨手炉内的灰。平儿站在炕沿边，捧着小小的一个填漆茶盘，盘内一个小盖钟。凤姐也不接茶，也不抬头，只管拨手炉内的灰，慢慢的问道："怎么还不请进来？"一面说，一面抬身要茶时，只见周瑞家的已带了两个人在地下站着呢。这才忙欲起身犹未起身时，满面春风的问好，又嗔着周瑞家的怎么不早说。刘姥姥在地下已是拜了数拜，问姑奶奶安。凤姐忙说："周姐姐，快搀起来，别拜罢，请坐。我年轻，不大认得，可也不知是什么辈数，不敢称呼。"周瑞家的忙回道："这就是我才回的那姥姥了。"凤姐点头。刘姥姥已在炕沿上坐了。板儿便躲在背后，百般的哄他出来作揖，他死也不肯。

凤姐儿笑道："亲戚们不大走动，都疏远了。知道的呢，说你们弃厌我们，不肯常来；不知道的那起小人，还只当我们眼里没人似的。"刘姥姥忙念佛道："我们家道艰难，走不起，来了这里，没的给姑奶奶打嘴，就是管家爷们看着也不像。"凤姐儿笑道："这话没的叫人恶心。不过借赖着祖父虚名，作了穷官儿，谁家有什么，不过是个旧日的空架子。俗语说，'朝廷还有三门子穷亲戚'呢，何况你我。"说着，又问周瑞家的回了太太了没有。周瑞家的道："如今等奶奶的示下。"凤姐道："你去瞧瞧，要是有人有事就罢，得闲儿呢就回，看怎么说。"周瑞家的答应着去了。

这里凤姐叫人抓些果子与板儿吃，刚问些闲话时，就有家下许多媳妇管事的来回话。平儿回了，凤姐道："我这里陪客呢，晚上再来回。若有很要紧的，你就带进来现办。"平儿出去了，一会进来说："我都问了，没什么紧事，我就叫他们散了。"凤姐点头。只见周瑞家的回来，向凤姐道："太太说了，今日不得闲，二奶奶陪着便是一样。多谢费心想着。白来逛逛呢便罢；若有甚说的，只管告诉二奶奶，都是一样。"刘姥姥道："也没甚说的，不过是来瞧瞧姑太太、姑奶奶，也是亲戚们的情分。"周瑞家的道："没甚说的便罢；若有话，只管回二奶奶，是和太太一样的。"一面说，一面递眼色与刘姥姥。

刘姥姥会意，未语先飞红的脸，欲待不说，今日又所为何来？只得忍耻说道："论理今儿初次见姑奶奶，却不该说，只是大远的奔了你老这里来，也少不的说了。"刚说到这里，只听二门上小厮们回说："东府里的小大爷进来了。"凤姐忙止刘姥姥："不必说了。"一面便问："你蓉大爷在那里呢？"只听一路靴子脚响，进来了一个十七八岁的少年，面目清秀，身材俊俏，轻裘宝带，美服华冠。刘姥姥此时坐不是，立不是，藏没处藏。凤姐笑道："你只管坐着，这是我侄儿。"刘姥姥方扭扭捏捏在炕沿上坐了。

贾蓉笑道："我父亲打发我来求婶子，说上回老舅太太给婶子的那架玻璃炕屏，明日请一个要紧的客，借了略摆一摆就送过来。"凤姐道："说迟了一日，昨儿已经给了人了。"贾蓉听着，嘻嘻的笑着，在炕沿上半跪道："婶子若不借，又说我不会说话了，又挨一顿好打呢。婶子只当可怜侄儿罢。"凤姐笑道："也没见你们，王家的东西都是好的不成？你们那里放着那些好东西，只是看不见，偏我的就是好的。"贾蓉笑道："那里有这个好呢！只求开恩罢。"凤姐道："若碰一点儿，你可仔细你的皮！"因命平儿拿了楼房的钥匙，传几个妥当人抬去。贾蓉喜的眉开眼笑，说："我亲自带了人拿去，别由他们乱碰。"说着便起身出去了。

这里凤姐忽又想起一事来，便向窗外："叫蓉哥回来。"外面几个人接声说："蓉大爷快回来。"贾蓉忙复身转来，垂手侍立，听阿凤指示。那凤姐只管慢慢的吃茶，出了半日的神，又笑道："罢了，你且去罢。晚饭后你来再说罢。这会子有人，我也没精神了。"贾蓉应了一声，方慢慢的退去。

这里刘姥姥心神方定，才又说道："今日我带了你侄儿来，也不为别的，只因他老子娘在家里，连吃的都没有。如今天又冷了，越想没个派头儿，只得带了你侄儿奔了你老来。"说着又推板儿道："你那爹在家怎么教你来？打发咱们作煞事来？只顾吃果子咧。"凤姐早已明白了，听他不会说话，因笑止道："不必说了，我知道了。"因问周瑞家的："这姥姥不知可用了早饭没有？"刘姥姥忙说道："一早就往这里赶咧，那里还有吃饭的工夫咧。"凤姐听说，忙命快传饭来。一时周瑞家的传了一桌客饭来，摆在东边屋内，过来带了刘姥姥和板儿过去吃饭。

凤姐说道："周姐姐，好生让着些儿，我不能陪了。"于是过东边房里来。又叫过周瑞家的去，问他才回了太太，说了些什么？周瑞家的道："太太说，他们家原不是一家子，不过因出一姓，当年又与太老爷在一处作官，偶然连了宗的。这几年来也不大走动。当时他们来一遭，却也没空了他们。今儿既来了瞧瞧我们，是他的好意思，也不可简慢了他。便是有什么说的，叫奶奶裁度着就是了。"凤姐听了说道："我说呢，既是一家子，我如何连影儿也不知道。"

说话时，刘姥姥已吃毕了饭，拉了板儿过来，舔舌咂嘴的道谢。凤姐笑道："且请坐下，听我告诉你老人家。方才的意思，我已知道了。若论亲戚之间，原该不等上门来就该有照应才是。但如今家内杂事太烦，太太渐上了年纪，一时想不到也是有的。况是我近来接着管些事，都不知道这些亲戚们。二则外头看着虽是烈烈轰轰的，殊不知大有大的艰难去处，说与人也未必信罢。今儿你既老远的来了，又是头一次见我张口，怎好叫你空回去呢。可巧昨儿太太给我的丫头们做衣裳的二十两银子，我还没动呢，你若不嫌少，就暂且先拿了去罢。”

那刘姥姥先听见告艰难，只当是没有，心里便突突的；后来听见给他二十两，喜的又浑身发痒起来，说道：“嗳，我也是知道艰难的。但俗语说的：‘瘦死的骆驼比马大’，凭他怎样，你老拔根寒毛比我们的腰还粗呢！”周瑞家的见他说的粗鄙，只管使眼色止他。凤姐看见，笑而不睬，只命平儿把昨儿那包银子拿来，再拿一吊钱来，都送到刘姥姥的跟前。凤姐乃道：“这是二十两银子，暂且给这孩子做件冬衣罢。若不拿着，就真是怪我了。这钱雇车坐罢。改日无事，只管来逛逛，方是亲戚们的意思。天也晚了，也不虚留你们了，到家里该问好的问个好儿罢。”一面说，一面就站了起来。

刘姥姥只管千恩万谢的，拿了银子钱，随了周瑞家的来至外面。周瑞家的道：“我的娘啊！你见了他怎么倒不会说了？开口就是‘你侄儿’。我说句不怕你恼的话，便是亲侄儿，也要说和软些。蓉大爷才是他的正经侄儿呢，他怎么又跑出这么一个侄儿来了。”刘姥姥笑道：“我的嫂子，我见了他，心眼儿里爱还爱不过来，那里还说的上话来呢。”二人说着，又到周瑞家坐了片时。刘姥姥便要留下一块银子与周瑞家孩子们买果子吃，周瑞家的如何放在眼里，执意不肯。刘姥姥感谢不尽，仍从后门去了。正是：得意浓时易接济，受恩深处胜亲朋。

三、一窥《平凡的世界》：爱——乡村青年的精神土地

《平凡的世界》反映了 1975 年至 1985 年这十年间中国乡村发生的深刻变革。农村实行家庭联产承包责任制之后，农村生产效率大幅提高，相当一部分青年农民离开土地到城市寻求劳动机会和生活出路。青年农民离开土地后如何获得自我精神上的肯定性，这其实是一个时代的问题。路遥的《平凡的世界》通过孙少安、孙少平兄弟的形象，反映的正是乡村青年个体意识的觉醒。小说给予离开土地的农民重建个体肯定性的精神依据，那就是苦难与爱情。

小说对爱情的描写非常普遍，几乎写到的青年男女全部卷入了爱情、婚姻的纠葛。少安、少平兄弟俩的爱情经历也颇为丰富，其中孙少平的爱情故事被注入了更多的精神内容。爱情（以及友情），是乡村青年相互联系的纽带，是他们与社会结成关系的基础，也是乡村青年个体自由意识与觉悟的一种表达方式。例如对于小说主人公孙少平，“爱情”不仅是他最后的精神归宿，也是一种完成自我救赎的行动。在整部作品中，爱情都具有整体性的救赎意义，几乎所有沉浸在“苦难”中的人，最终都在爱中获得了赦免和“救赎”。

阅读相关名著选段，结合《乡土中国》中《男女有别》一篇中提到的“浮士德式”和“阿波罗式”的两性观，谈谈你理想中的爱情观。

《平凡的世界》（选段）

转眼就到了六月。

山野里的绿色越来越深了。碧蓝的天空通常没有一丝云彩，人

的视野可及十分遥远的地平线。地面上，人们已经身着很单薄的衣衫了。

不过，井下一年四季都是潮湿阴冷的。即是二伏天，不干活还得披上棉袄。

这天因为发生了冒顶，少平他们直至上午十点钟才把活干完。尽管大家累得半死不活，好在还没造成什么伤亡。

他们几十个人，像苦役犯一般拖着疲惫不堪的身子，来到井口下面，等待上罐。所有的人脸上看不见一丝笑影，也不说任何话。身上都像墨汁泼过，只有从眼白辨认出这是一群活物。

少平最后一罐上井。

当罐笼在井口停下以后，他一下子惊呆了。

他看见：晓霞正微笑着立在井口！

少平以为是强烈的阳光刺花了眼，使他产生了幻觉。他赶忙眨巴了几下眼睛，却再一次看清这的确是晓霞啊！她正脑袋转来转去，显然是在寻找他——在这群黑人中找个熟人是不太容易。

他是在不知不觉中被大家拥挤出罐笼的。他这时才发现，连同先前上井的工人，大家都没有离开井口周围，呆立在旁边有点震惊而诧异地观看晓霞。是呀，谁也反应不过来，在这个女人从不涉足的地方，怎么突然会降落这么个仙女呢？晓霞是太引人注目了，尤其是在这样一个特殊的环境里。她已经穿起了裙子，两条赤裸而修长的腿从天蓝色的裙摆中伸出，像刚出水的藕。一根细细的黑色皮带将雪白的衬衫束在裙中。脸庞在六月的阳光下像鲜花般绚丽。

现在，晓霞认出了他。

她立刻激动地走过来，立在他面前，看来一时不知该说什么是好。

亲爱的人！你不会想到，你此刻看见的是这样一个孙少平吧？他又脏又黑，像刚从地狱里爬出来的鬼魂。

泪水不知什么时间悄悄涌出了他的眼睛，在染满煤尘的脸颊上静静流淌。这热的河流淌过黑色大地，淌过六月金黄的阳光，澎湃激荡地拍打她的胸膛，一直涌向她的心间……她仍然连一句话也说不出来，胸前的“山脉”在起伏着。他用黑手抹了一把脸上的泪水，使得那张脸更肮脏不堪。他说：“你先到外面等一等，我洗个澡就来了！”他不能忍受井口那一群粗鲁的伙伴这样来“观赏”她。

晓霞笑着转身就走。她眼中也有泪花在闪烁。

孙少平匆匆忙忙而又糊里糊涂穿过暗道，把灯盒子“啪”地扔进矿灯房，就冲上了三楼的浴池。

他十分钟就洗完澡，把干净衣服一换，急速地跑出了大楼。

她正在门口等他。

相视一笑。

无言中表达了双方万千心绪。

“我在招待所住……咱们走吧！”她轻轻对他说。

他点点头，两个人就肩并肩相跟着向半山坡的矿招待所走去。少平感到，一路上，所有的人都对着他笑。怎么晓霞也对着他笑？笑什么？他都被人笑得走不成路了！

到招待所，进了晓霞住的房子，她第一件事就是从洗漱包里拿出一面小圆镜，笑着递到他手里。

少平对着镜子一照，自己也忍不住笑了。他的脸在忙乱中根本没洗净，两个眼圈周围全是黑的，像熊猫一样可笑！

这期间，晓霞已经给他对好了半脸盆热水，拿出自己雪白的毛巾和一块圆圆的小香皂，让他重新洗一下脸。

他对着那块白毛巾踌躇了一下，便开始再一次洗脸。那块小香皂小得太秀溜，在他的大手里像一只小泥鳅，不知怎么一下子就从脖颈滑进衣领中。

听见晓霞在身后“咯咯”地笑着，他立刻感到那只亲爱的小手从他脊背后面伸进来。

他的整个身子都僵直了。

她从他脊背后面抓出那块小香皂，递给他，笑得前俯后仰。

他两把洗完脸，然后猛地转过身，用一双火辣辣的眼睛盯着她，问：“我还漂亮吗？”

晓霞不笑了，嘴里喃喃地说：“是的，还和原来一样漂亮……”她说着，欣喜的泪水涌出了她那双美丽的眼睛。

少平大步向她走去。两个人张开双臂，紧紧地拥抱在一起。

一切都静下来了。只有两颗年轻而火热的心脏在骤烈地搏动。外面火车汽笛的鸣叫以及各种机器的嘈杂声，都好像来自遥远的天边……

“想我了吗？”她问。

回答她的是拼命的吻。

这也是她所需要的回答。

不知过了多久，他们才手拉着手坐到床边上。

“我做梦都想不到你会来。”

“为什么想不到呢？我早就准备着这次会面了，只是一直没有到铜城出差的机会。”

“刚到吗？”

“刚刚到。”

“矿上知道你来吗？”

“已经和你们矿宣传部打了招呼。”

“来采访我们矿？”

“采访你！”

“真的……别误你的事。”

“我这次到铜城，主要了解矿务局和铁路部门的矛盾。为车皮的事，他们一直在扯皮！我已经写了个公开报道的稿子，同时还写了个内参。到这里来主要是看你。公私兼顾嘛！”

少平再一次抱住她，拼命在她脸上和头发上亲吻着。所有关于他和她关系的悲观想法，此刻都随着她的到来而烟消云散了。或者说，他根本不想他们以后的事，只是拥抱着这个并非梦幻中的亲爱的姑娘，一味地沉浸在无比的幸福之中。有人敲门。

他们赶忙松开了互相缠绕在一起的臂膀。两个人的脸都通红。

稍稍平静了一下，晓霞便前去打开门。

进来的是大牙湾煤矿的宣传部长，他来叫“田记者”吃饭。

少平并不认识他们矿的这位部长。部长当然更不会认识他。

“这是我的同学。我们还是……亲戚哩！”晓霞有点结巴地给宣传部长编织了她和少平的关系。

“你是哪个区队的？”宣传部长客气地问。平时，一个像他这样的普通矿工部长根本不会放在眼里。

“采五的。”少平说。

“那一块去吃饭！”宣传部长殷勤地邀请田记者的“亲戚”。

少平当然不会客气。矿上看重的是省报记者（矿务局领导已经打电话让大牙湾好好接待），但这位女记者是他的女朋友！这并不是说他想依仗她的威势去跟她吃这顿官饭，而恰恰是一种男人的尊严感促使他这样做——尽管他是个卑微的挖煤工人！

部长陪着他们来到西边家属区旁边的小食堂。这里是专门招待上级领导和重要来宾吃饭的地方。少平第一次涉足这种高雅餐厅。

这里确实很讲究。在中国，不论怎么穷的地方，总会有一处招待上级领导的尽量讲究的小天地。

这小餐厅的大圆桌上还有一个能转动的小圆盘，像高级宾馆的餐桌一样。饭菜当然也不会像矿工食堂那么简单粗糙。各种炒菜，啤酒，果子露；碟子，杯子，勺子；挤得海海漫漫。每个人手边还有叠得整整齐齐的餐巾纸……由于职业的关系，晓霞在饭桌上说话很有气魄。宣传部长和另外两个陪餐的人，都恭敬地附和她说话。少平沉默地喝啤酒，晓霞在和别人说话时，却用筷子不断给他往小碟里夹菜。在这样的场合，少平心中涌上许多难言的滋味。

骄傲？自卑？高兴？屈辱？也许这些心绪都有一点……吃完饭后，晓霞用三言两语客套话打发走了宣传部长和另外的人，然后立刻就回到了他们两个人的甜蜜情意里。她要去看他的宿舍。

少平只好把她领进了那孔黑窑洞。好在另外的人都去上班了，不会引起什么“骚乱”。

晓霞来到他的床前，然后撩开蚊帐，就忘情地躺在了他的床铺上。

他立在床边，隔着那层薄纱，看见她翻他枕头旁边的书。“你……不进来吗？”她在里面轻声问。

少平嗫嚅着说："宿舍里的人很快就回来了。咱们干脆到对面山上去……你什么时候离开大牙湾？"

晓霞赶紧从床上跳下来，在他脸颊上亲了亲，说："明天上午八点的飞机票。明早七点矿上的车送我到铜城机场。"

"唉……那明早我可送不成你了。我们八点以后才能上井。"

"你们今晚什么时候下井？"

"晚上十二点。"

"我也跟你去下一回井！"

少平慌忙说："你不要下去！那里可不是女人去的地方！""听你这样一说，那我倒非要下去不行。"她的老脾气又来了。

少平知道，他不可能再挡住她。只好为难地说："那你先给矿上打个招呼，让他们再派个安检员，咱们一块下。""这完全可以。咱们现在就走。我给他们打个招呼，然后咱们到对面山上玩去。"

这样，他们在其他人未回来之前，就离开宿舍，径直向矿部那里走去。

到小广场上后，少平在外面等着，晓霞进楼去给宣传部的人打招呼，说她晚上要跟采五区十二点班的工人一同去下井。

等晓霞走出矿部大楼，他就和少平肩并肩相跟着，下了小坡，通过黑水河的树桥，向对面山上爬去。少平知道，此刻，在他们的背后，在小广场那边，会有许多人在指画着他们，惊奇而不解地议论着……

第十章

孙少平和田晓霞气喘吁吁爬上南山，来到那个青草铺地的平台上，地畔上的小森林像一道绿色的幕帐把他们和对面的矿区隔成了两个世界。

他们坐在草地上后，心仍然在“咚咚”地跳着，这样的经历对他们来说，已经不是第一回。在黄原的时候，他们就不止一次登上过麻雀山和古塔山。正是在古塔山后面的树丛中，她给他讲述热妮娅·鲁勉采娃的故事。也正是那次，他们在鲜花盛开的草地上，第一次拥抱并亲吻了对方。如今，在异乡的另一块青草地上，他们又坐在了一起。内心的激动感受一时无法用语言表述。时光流逝，生活变迁，但美好的情感一如既往。

他粗壮的矿工的胳膊搭上了她的肩头。她的手摸索着抓住了他的另一只手。情感的交流不需要过多的语言。沉默是最丰富的表述。

沉默。

血液在热情中燃烧。目光迸射出爱恋的火花。

我们不由想起当初的伊甸园和其间偷吃了禁果后的亚当与夏娃（上帝！幸亏他们犯了那个美好的错误……）。

没有爱情，人的生活就不堪设想，爱情啊！它使荒芜变为繁荣，平庸变为伟大；使死去的复活，活着的闪闪发光。即便爱情是不尽的煎熬、不尽的折磨，像冰霜般严厉，像烈火般烤灼，但爱情对心理和身体健康的男女永远是那样的自然；同时又永远让我们感到新奇、神秘和不可思议……当然，我们和这里拥抱的他们自己都深知，他们毕竟不是伊甸园里上帝平等的子民。

她来自繁华的都市，职业如同鼓号般响亮，身上飘溢着芳香，散发出现代生活优越的气息。

他，千百普通矿工中的一员，生活中极其平凡的角色，几小时前刚从黑咕隆咚的地下钻出来，身上带着洗不净的煤尘和汗臭味。

他们看起来是这样的格格不入。

但是，他们拥抱在一起。

直到现在，孙少平仍然难以相信田晓霞就在他怀里。说实话，他们从黄原分手后，他就无法想象他们再一次相会将是何种情景。尤其到大牙湾后，井下生活的严酷性更使他感到他和她相距有多么遥远。他爱她，但他和她将不可能在一块生活——这就是问题的全部结症！

可是，现在她来了。

可是，纵使她来了，并且此刻她就在他的怀抱里，而那个使他痛苦的“结症”就随之消失了吗？

没有。

此时，在他内心汹涌澎湃的热浪下面，不时有冰凉的潜流湍湍而过。

但是，无论如何，眼下也许不应该和她谈论这种事。这一片刻的温暖对他是多么宝贵；他要全身心地沉浸其中……

现在，他们一个拉着一个的手，透过森林的空隙，静静地望着对面的矿区。此刻正是两个班交接工作的时候，像火线上的部队在换防。上井的工人走出区队办公大楼，下井的工人正从四面八方的黑户区走向井口。在矿部前的小广场周围，到处都是纷乱的人群。

孙少平手指着对面，从东到西依次给晓霞介绍矿区的情况。

后来，他指着矿医院上面的一个小山湾，声音低沉地说：“那是一块坟地，埋的全是井下因工亡故的矿工。”

晓霞长久地望着那山湾。她看见，山湾里坟堆前都立着墓碑。有几座新坟，生土在阳光下白得刺眼，上面飘曳着引魂幡残破不全的纸条。

“你……对自己有什么打算呢？”她小声问。

“我准备一辈子就在这里干下去……除此之外，还能怎样？”

“这是理想，还是对命运的认同？”

“我没有考虑那么全。我面对的只是我的现实。无论你怎样想入非非，但你每天得要钻入地下去挖煤。这就是我的现实。一个人的命运不是自己想改变就能改变了的。至于所谓理想，我认为这不是职业好坏的代名词。一个人精神是否充实，或者说活得有无意义，主要取决于他对劳动的态度。当然，这不是说我愿意牛马般受苦，我也感到井下的劳动太沉重。你一旦成为这个沉重世界里的一员，你的心绪就不可能只关注你自身……唉，咱们国家的煤炭开采技术是太落后了。如果你不嫌麻烦，我是否可以卖弄一下我所了解到的一些情况？”

“你说！”

“就我所知，我们国家全员工效平均只出0.9吨煤左右，而苏联、英国是2吨多，西德和波兰是3吨多，美国8吨多，澳大利亚是10吨多。同样是开采露天矿，我国全员效率也不到2吨，而国外高达50吨，甚至100吨。在西德鲁尔矿区，那里的矿井生产都用电子计算机控制……人就是这样，处在什么样的位置上，就对他的工作环境不仅关心，而且是带着一种感情在关心。正如你关心你们报纸一样，我也关心我们的煤矿。我盼望我们矿井用先进的工艺和先进的技术装备起来。但是，这一切首先需要有技术水平的人来实现，有了先进设备，可矿工大部分连字也不识，狗屁都不顶……对不起，我说了矿工的粗话……至于我自己，虽然高中毕业，可咱们那时没学什么，因此，我想有机会去报考局里办的煤炭技术学校。上这个学校对我是切实可行的。我准备一两年中一边下井干活，一边开始重学数、理、化，以便将来参加考试。这也许不是你说的那种理想，而是一个实际打算……”

孙少平自己也没觉得，他一开口竟说了这么多。这使他自嘲地想：他的说话口才都有点像他们村的田福堂了！

晓霞一直用热切的目光望着他，用那只小手紧紧握着他的大手。

“还有什么‘实际打算’？”她笑着问。

“还有……一两年后，我想在双水村箍几孔新窑洞。”“那有啥必要呢？难道你像那些老干部一样，为了退休后落叶归根吗？”

“不，不是我住。我是为我父亲做这件事。也许你不能理解这件事对我多么重要。我是在那里长大的，贫困和屈辱给我内心留下的创伤太深重了。窑洞的好坏，这是农村中贫富的首要标志，它直接关系一个人的生活尊严。你并不知道，我第一次带你去我们家吃饭的时候，心里有多么自卑和难受——而这主要是因为我那个破烂不堪的家所引起的。在农村箍几孔新窑洞，在你们这样的家庭出身的人看来，这并没有什么。但对我来说，这却是实现一个梦想，创造一个历史，建立一座纪念碑！这里面包含着哲学、心理学、人生观，也具有我能体会到的那种激动人心的诗情。当我的巴特农神庙建立起来的时候，我从这遥远的地方也能感受到它的辉煌。瞧吧，我父亲在双水村这个乱纷纷的‘共和国’里，将会是怎样一副自豪体面的神态！是的，我二十来年目睹了父亲在村中活得如何屈辱。我七八岁时就为此而伤心得偷偷哭过。爸爸和他祖宗一样，穷了一辈子而没光彩地站到人面前过。如今他老了，更没能力改变自己的命运。现在，我已经有能力至少让父亲活得体面。我要让他挺着胸脯站在双水村众人的面前！我甚至要让他晚年活得像旧社会的地主一样，穿一件黑缎棉袄，拿一根玛瑙嘴的长烟袋，在双水村‘闲话中心’大声地说着闲话，唾沫星子溅别人一脸！”

孙少平狂放地说着，脸上泪流满面，却仰起头大笑了。

晓霞一把搂住他的脖子，脸深深地埋进他的怀里。亲爱的人！她完全能理解他，并且更深地热爱他了。“……你还记得我们那个约会吗？”好久，她才扬起脸来，撩了撩额前的头发，转了话题。

“什么约会？”少平愣住了。

“明年，夏天，古塔山，杜梨树下……”

“噢……”

少平立刻记起了一年前那个浪漫的约会。其实，他一直没有忘记——怎么可能忘记呢！不过，在这之前，他不能想象，未来的那次相会对他意味着什么。

但无论意味着什么，他都不会失约。那是他青春的证明——他曾年轻过，爱过，并且那么幸福……“只要我活着，我就会准时在那地方等你！”他说。

“为什么不是活着！我们不仅活着，而且会活得更幸福……反正像当初约好的，咱们不一块相跟着回黄原，而是同一个时刻猛然同时出现在同一个地方！想起那非凡的一刻，我常激动得浑身发抖哩……”

他们在这里已经坐了好几个小时，但两个人觉得只有短短一瞬间。

之后，少平带着她去后山峁的小森林中转了一阵。他摘了一朵朵金灿灿的野花，插在她鬓角的头发里。她拿出小圆镜照了照，说："我和你在一块，才感到自己更像个女人。"

"你本来就是女人嘛！"

"可和我一块的男人都说我不像女人。我知道这是因为我的性格。可是，他们并不知道，当他们自己像个女人的时候，我只能把自己变成他们的大哥！"

孙少平笑了。他很满意晓霞这个表白。

"你愿不愿意到一个矿工家里吃一顿饭？"他问她。"当然愿意！"她高兴地说。

"咱们干脆一起到我师傅家去吃晚饭。他们是一家很好的人。"

少平接着给晓霞讲了王世才一家人怎样关照他的种种情况。

"那你一定带我去！"晓霞急切地说。

少平十分想让王世才和惠英嫂见见晓霞。真的，男人常常都有那么一点虚荣心——想把自己的漂亮的女朋友带到某个熟人面前夸耀一下。他当然不敢把她带到安锁子这些人面前。但应该让师傅两口子和晓霞见见面。同时，他也想让晓霞知道，在这偏僻而艰苦的矿区，有着多么温暖的家庭和美好的人情……

这样，下午五点钟左右，他们就从南山转下来，过了黑水河，通过坑木场，上了火车道旁边的小坡，走进王世才的小院落。

师傅一家三口人高兴而忙乱地接待了他们。他们翻箱倒柜，把所有的好吃好喝都拿出来款待他俩。尽管少平说得含含糊糊，但师傅和惠英马上明白了这个漂亮的姑娘是他的什么人。听说她是省报的记者后，他们大为惊讶——不是惊讶晓霞是记者，而是惊讶漂亮的女记者怎么能看上他们这个掏炭的徒弟呢？

直到吃完饭，他们热情地把少平和晓霞送出门口的时候，这种惊讶的神色还挂在他们脸上。他们的惊讶毫不奇怪。即便是大牙湾的矿长知道省上有个女记者爱上了他们的挖煤工人，也会惊讶的。这惊讶倒不是出于世俗的偏见，而是这种事向来就很少在他们的生活中发生！

当少平引着晓霞，下了师傅家外面的小土坡，走到铁路上的时候，已经是夜里十点多了。再过一个多小时，他就要带着她下井。他的心情不免有点紧张。晓霞第一次到一个危险的地方，他生怕出个差错。好在王世才也知道了晓霞要下井，说他一会亲自领着他们去。

现在，他们在黑暗中踏着铁轨的枕木，肩并肩相跟着向矿部那里走去。远处，灯火组成了一个烂漫的世界。夜晚的矿区看起来无比的壮丽。晓霞挽着他的胳膊，依偎着他，激动地望着这个陌生的天地。初夏温暖的夜风轻轻吹拂着这对幸福的青年。黑户区的某个地方传来轻柔的小提琴声，旋律竟是《如歌的行板》。这里呀并不是想象中的一片荒凉和粗莽；在这远离都市的黑色世界里，到处漫流着生活的温馨……

晓霞依偎着他，嘴里不由轻声哼起了《格兰特船长和他的孩子们》中的那支插曲。少平雄浑的男中音加入了进来，使那浪花飞溅的溪流变成了波涛起伏的大河。唱吧，多好的夜晚；即便没有月亮，心中也是一片皎洁！

第四章

学思践悟

一、读写结合

✓ 习作示例

阅读补充资料《〈论语〉中的"礼"》，以及《乡土中国》中的《差序格局》《系维着私人的道德》《家族》《男女有别》《礼治秩序》《无讼》《无为政治》等章节，深入思考，写一篇文章，探讨《论语》中的"礼"和《乡土中国》中的"礼"的关系与异同（比如渊源、含义、功用等方面）。

【学生习作】（8篇）

01 "礼"赋予中华文化的深层内涵

人大附中　何家宁

早期形成的文化在传承演化的过程中，其中一部分保留了完整形式沿用至今，成为我们所说的习俗、传统；另一部分不再有具体表现，而是深化到民族精神中引导我们的言行举止。我们常常无法详尽解释后者的内涵，例如"仁"，即便是提出这个思想的《论语》，也只是判断了大量给定的样本是否达到"仁"，而不是清楚的标准。这一部分文化中，也包含我们要说的"礼"。

深入研究一个事物的变化，要以它不同时期的不同表现形式为着手点，进行对比和分析。针对"礼"，我们选择了儒家经典《论语》和费孝通先生的《乡土中国》。这样做听起来有些牵强：《论语》及儒家思想是我国古代颇具影响力的治世哲学，给统治者一套成体系的统治指导，如“为政以德”“节用而爱人”之类的规范随处可见；《乡土中国》则完全围绕乡土社会和乡土人这些平民阶层的事情展开，除讲权力以外难以看到“统治”二字。那么，这两部立场不同的作品是否能代表礼的发展呢？我想答案是肯定的——早在《论语》诞生以前，《诗经·小雅·北山》就为我们解答了这一问题——“溥天之下，莫非王土；率土之滨，莫非王臣”。中国古代的统治者是直接独占并紧握着自己的国土的，这国土便是古代占社会主体的乡土，而二者紧密相连，构成了古代中国，即统治者的权力直接作用在整个乡土上，乡土的一切利益也体现在统治者的利益上。《论语》中的“礼”，也便是乡土社会中的“礼”。解释清楚了这个问题，我们就可以正式开始分析了。

“礼”中没有改变的一些具体特点，就是两本书共同描述的或者提倡的。对于这类特点，它们成功地承受了历史的考验，并且能沿用至今，这反映它们本身的正确性和所具有的一定的实际价值。

礼治的实施强调了人的主观意愿。礼治与法治最分明的界限就在于此，处在现代社会的我们对法治再熟悉不过——通过惩罚约束人们的行为。但孔子直接地提出了反对：“道之以政，齐之以刑，民免而无耻。道之以德，齐之以礼，有耻且格。”与法治不同，礼治带来的是教化，是我们说的道德。维持礼治社会的稳定，依靠的是人们的廉耻之心和自知之明。个体出于违背礼的羞耻感，自发地选择遵从礼的约束。费孝通先生也提到礼治建立在传统和自我控制上，“主动地服于成规”。这充分体现了礼治强调人主观意愿的特点。

礼的核心在于对旧事物的崇敬。“八佾舞于庭”“告朔之饩羊”这些孔子所讲的“礼”，无不出自西周初年制定的礼乐制度。费孝通先生也提出，（在乡土礼治社会）好古是生活的保障了。中国人尊重古人是传统美德，祭祀祖先、纪念先哲之类的活动丰富多彩，对于古时的传统按原样传承一点不敢怠慢，这是中国人不轻易改变的中庸之道。而礼作为约束孔子时期中国人的核心思想，高度浓缩了这种守旧的思想是情理之中的。究其原因，费孝通先生提出了自己的看法：传统对乡土社会人的约束力更高。祖祖辈辈奉行的礼法被一代代乡土人用生命的恪守证明了价值，因此乡土人的后代往往更尊重并信服传统礼法。

礼治社会需要一位统治者，以作为礼的具象化身，这一点孔子和往后礼治社会历史里的人们都是没有异议的，这位统治者就是皇帝。如果一定要在《乡土中国》中为皇帝找到一席之地，那便是最高级别的长老。长老的统治“其实是一种教育过程”，他通过礼法教化乡土人，给他们明确需要遵守的礼法，让他们服于礼治。皇帝的作用也是如此：规定礼节，统治天下。

简单分析了礼治社会没有改变的特点，接下来谈谈礼治在发展中遇到的问题和相应的调整。

仅仅出自道德层面的良知，礼教的约束力不足以使整个社会遵从礼法。统治者逐渐掌握了一种有力的手段来保证礼法的地位——“迷信”和“鬼神”。从万人之上的皇帝到平凡辛劳的人民，祭祀土地都是一件要以赤诚之心对待的大事：一方面是中国人对幸福生活的美好愿景，另一方面是统治者为了使人民有敬畏感而捏造的神明。由于封建礼教的影响，有些乡土人仍然处在迷信的旋涡中，不能正确有效地处理生活中遇到的问题。不过，这个问题随着科学的普及渐趋缓和了。

礼治社会对个人道德要求过高。不可否认的是，孔子纯粹实行礼治的想法有些理想化了：并不是每一个人都是圣人，都能像他一样全心全意地“克己复礼”。这既是最初礼治社会崩盘的原因，也是孔子理想不能实现的原因。孔子清楚这一点，也因此而感到痛心。他想过放弃，“道不行，乘桴浮于海”，但最终仍然选择了坚持拥护礼治。费孝通先生也看到了这一点，对此他的解释是：“礼治社会并不能在变迁很快的时代中出现，这是乡土社会的特色。”显然，这个解释更加准确和客观。随着历史的发展和加速，礼治社会逐渐被替代，其完整度和作用力不断降低，最终隐没在法治社会中，成为人们的精神文化。

礼治社会的有些礼节不符合社会发展的客观条件，在历史演化中被淘汰。中国人重视孝道，长辈去世后守孝是早期的礼。孔子对它高度重视：“子生三年，然后免于父母之怀。夫三年之丧，天下之通丧也。”但随着历史的推进，守孝三年严重影响了社会生产力，因此湮没在历史长河中。近代以来，大量逆社会发展趋势的礼节被挖出、摒弃。“中国正处在从乡土社会蜕变的过程中。”费孝通先生的一句话说清楚了这种改变。

这样看来，礼治似乎不适用于当今社会，那我们是否可以把它彻底弃置呢？并不是这样。礼治社会在以下方面仍体现着它在当今社会的现实意义。

提升道德水平。“礼”中诸如“自省”“谨信”等一些思想给我们提供了可追求的道德准则。修炼自己以达到一些礼的要求，可以有效提升素养。方法比较多样：留出时间反思自己一天的作为符不符合自己想达到的礼的标准，做事前先思考按礼来办会不会有提升，等等。

增强荣辱观念。礼在道德层面的要求比法律更加苛刻。“做了不道德的事，见不得人，那是不好；受人唾弃，是耻。”为了不面对违背礼教所带来的舆论压力，我们会在守礼的过程中更加在乎廉耻。“知耻近乎勇”，伴随着廉耻之心来到我们身边的，是各种美德。

礼的传承与演化，是几千年里文化沃土积淀的结果，反映了中华民族的探索和改变。顺应历史潮流，在坚守法治社会的同时遵守礼节的约束，是丰富自己的人格和磨炼优秀品质的重要方法。

（教师点评：从文化演化谈到“礼”，接着具体阐释为何《论语》中的“礼”与《乡土中国》中的“礼”具有可比性，开篇初具气象。然后再分析礼治的特点，以及在社会发展中遇到的问题和相应的调整，最后谈现实意义。该生站得高，也落在了实处，文章收束于文化品格。文章思路清晰，笔触冷静，论证周密，表达流畅，是一篇佳作。尤其是提出的“深化到民族精神中引导我们的言行举止”观点颇有深度，表现了该生对文题的独到认识。）

02 《乡土中国》与《论语》中关于“礼”的探讨

人大附中　麻屹铭

在两千多年前的中国，乡土的种子早已在广大疆域中种下，它生根发芽，贯穿了整个社会。时至今日，在城镇和乡村对立的二元格局局面下，乡村似乎成为被人们遗忘的角落。村落的生存状态逐渐在社会的发展中失声。当我们重拾《论语》，儒家思想的芬芳气息迎面而来，而始终贯穿《论语》与《乡土中国》的部分，约莫是二者均不可或缺的“礼”了。

《乡土中国》与《论语》中的“礼”有着十分鲜明的异与同。

礼的实施可以用于整个社会。春秋时期战乱频发，礼崩乐坏，孔子因此提出了“克己复礼”的思想，坚持复归周礼。在孔子看来，“礼”不仅仅是用于修身的“孝、慈、忠、仁、宽”，更是政治中“君君、臣臣、父父、子子”的宗法关系。在修养自身方面，他讲求“仁德”，而“仁”为“礼”之体，“礼”为“仁”之用，二者是紧密结合而不可分割的。在教育他人方面，更提出了“不学礼，无以立”的看法。在国家层面，他坚持“以礼为国”的思想，要用“礼”去治理国家，去感化百姓。可以看出礼在《论语》中的地位之高。在孔子看来，礼既可以小到修身，也可以大到治国平天下。礼的实施意义在于礼所带来的对人民的教化，它能够提升人民的思想水平，带来社会的进步与发展。

礼的标准亦早已深入人心。费孝通认为，礼是礼治社会公认合式的行为规范，并不带有任何“文明”“慈善”的意思。礼也可以很野蛮，可以杀人，只要社会认为这么做是正确的，那便可以被认为是礼治。众人皆为之，即为礼，社会公认之，即为礼。子贡也曾想将“告朔饩羊”的习俗废去，但孔子的回答是，你爱惜那只羊，我却爱惜那个礼。可以发现，在乡土社会中，礼的观念深入人心，人们以一件事是否符合礼作为判断它是否正确的标准。在习俗与规则面前第一反应便是遵守，因此费孝通先生提出了“传统对乡土社会人的约束力更高”这一观点。祖先所立的规矩，早已被世世代代沿袭，被世世代代用生命证明了的价值观念，已成为重要且不可变更的血液。

礼在治国时有着巨大的功用，这两本书中均充分肯定了礼在维系社会或治国时的重要作用。“礼之用，和为贵”，意思是礼的作用，在于使人的关系和谐。孔子发现了礼的作用，将其用于社会，讲求一个“和”字。同时强调“知和而和，不以礼节之，亦不可行也”，意思是在遇事追求和顺的同时也应当用礼来约束。可以看出，礼可以作为一种制度，是每个人能够发自内心去遵守的行为准则，在于人们对旧事物的崇敬。费孝通先生也提到：“礼并不是靠一个外在的权力来推行的，而是从教化中养成了个人的敬畏之感，使人服膺；人服礼是主动的。”与“礼治”相对的是“法治”。法治社会中有严格的法律约束，其用意是达到明定是非的作用。但是在礼治社会中，礼不是靠外界的法律条文来让人服从，而是靠教化，使人们从心底产生敬畏感与尊敬感。相比法治社会，生存在礼治社会下的人出于对先祖的敬畏与臣服，更自然就会做到相互谦让，也就达到“和为贵”的境界。

更多地，孔子将礼的功用放在了伦道方面。孔子认为“生，事之以礼；死，葬之以礼，祭之以礼”才为孝，认为“贫而乐，富而好礼者也”才是内心的崇高境界。可见，礼在孔子仁道体系中起着道德基础的作用，而“孝”这样的形式其实是礼的具体表现。礼贯穿在社会的任何方面，包括君臣朋友、祭祀求道，人若懂礼守礼，表现出的是人格的完善与成熟。而这一点是《乡土中国》所没有涉及的。

礼也有一定的局限性，它对每个人的思想意识要求比较高。人非圣贤，每个人多多少少都会有私心与利益渴求，绝不可能达到孔子心目中的绝对程度——完全地克制思想去复归周礼。对于这一点，我想没有几个人能完美地做到，这也是其崩盘的原因。但不可否认，礼治也是社会中一种理想化的存在。费孝通先生也认为“礼治社会是并不能在变迁很快的时代中出现的”。在飞速发展的社会中，礼治逐渐被人们摒弃，法治登上舞台，但人们对礼的追求，以及对礼治社会的向往正逐步显现。

两千多年来，礼一直在中国人的血脉之中。在差序格局的乡土社会中，在无论怎样变化的社会环境中，无论礼是否作为治理社会的标准，礼的作用都有目共睹。即便随着时代的推移，仁、义、礼、智、信等基本道德要素，都将一直是中国人赖以生存的文化基石。

（教师点评：全文从“乡土”的背景谈起，一句“村落的生存状态逐渐在社会的发展中失声”体现出该生的人文关怀。围绕两本书中的“礼”，文章分别从“礼的实施”“礼的标准”“礼的功用”“礼的局限性”四个角度展开议论，最后一段升华到“中国人赖以生存的文化基石”。文气充沛，段落分明，理畅辞达，结构严谨。文章还有一个优点：对于《论语》的丰富引用与准确解读，使议论说理有了依附，自然流畅，可见该生的积累功底。）

03　“礼”的感性与理性碰撞
——《论语》《乡土中国》中的“礼”之初探

人大附中　王美玥

在远在春秋时期的儒家经典著作《论语》中，孔子就提出了他心目中的礼；费孝通先生 20 世纪 40 年代写就的《乡土中国》所阐述的乡土社会的种种特质与礼更是紧密相连。由于这两本书中的社会背景均满足高度自给自足的条件、符合乡土特征，可知乡土社会与《论语》时期的社会十分接近。因此，不妨将二者对比，以礼为起点略窥中国式礼的精髓，初步探索二者的认知差异、二者在阐述礼时的差异，从而从中得到启示。

首先，二者均认同中国式礼的核心重在“有别”。《论语》重视君臣、父子、朋友、夫妻因儒家中的“伦”产生的差别对待，具体指出君子要有所为、有所不为。“八佾舞于庭，是可忍也，孰不可忍也？”这是比较感性的视角。费孝通则得益于中西方强烈比照提炼出一个个精确概念，将乡土社会称作差序格局，把人的关系形象地比喻为同心圆水波纹，重点体现了关系网络的以自己为中心和强大伸缩性。这是理性的概念与解读。深究其内在根本，二者都对区分道德要素高度重视。

其次，在礼的表现上，二者存在两点观念碰撞，但都没有脱离各自的论述风格。一是二者对礼的可变性持有不同观点。《乡土中国》一书举《红楼梦》中树倒猢狲散、苏秦潦倒归来“妻不以为夫，嫂不以为叔”等例，用家族成员的真实言行说明礼的可变性大，摆明社会现实。孔子则崇敬周礼，认为礼不应有很大变数，并通过周游列国劝说诸侯的方式力图改变礼崩乐坏的局面、长久维持道德关系，因此，《论语》倾向于陈述个人主张，为实现治国平天下的政治抱负指明方向，没有科学研究社会这一超越时代的目的，所言更为主观。二是礼的形式严苛与否不同。乡土社会形式不严，费孝通先生主要从观念、家族纵向主轴、两性淡薄关系等方面分角度深入挖掘证据，佐证观点，具有一定的系统性，且没有融入过多个人观点。而孔子极为反对士大夫僭越国君之礼，看重祭祀、太庙之礼，是对现实事件持有的个人看法，有一定的历史传统依据，但更为感性。

了解外在表现后，再从礼的功用上看。《论语》广泛结合具体行为进行阐述，最终落在“礼之用，和为贵”六个字上，强调“礼”的功用在凡事上的恰当和顺。《乡土中国》则理性分析“礼”的用处，即稳定社会关系、维护差序秩序。此处的秩序既有表层的社会秩序，也有深层的人们的内心秩序，都与《论语》中以和为贵的精神一致。

总结来看，儒家之礼与乡土社会的礼本质一致，都是以私人道德为基础、以己为中心的道德约束，拥有共同的目标“和”，但二者的表现形式存在差异，原因在于时代相距较远、研究思想有别。研究思想有别具体体现为各方面论述方法的不同。《乡土中国》侧重于广泛应用对比，尤其是中国差序格局与西方社会团体格局的同时代对比、礼治与法治的对比，反映了乡土社会潜在秩序，论述科学严谨。《论语》则将说理与举例结合，具体告知为政者该怎样治国待下，教导子女该怎样尽孝——“生，事之以礼；死，葬之以礼，祭之以礼”。《乡土中国》语言较为通俗朴实，认知处于感性层面。这是由于《乡土中国》是深入剖析当今现象后总结出的深层道德观，《论语》则是古代已有道德观在特定具体言行上的集中体现。一个从行为中分析已有观念，认礼做渊源，提炼概念，论述周密；一个用行为强化已存观念，认礼为不变的根基，以至于“其或继周者，虽百世，可知也”，言行主观。

不过，二者均较好地从各自时代出发，运用适合时代的方法提出理念。今天，法治因更能适应社会的飞速变迁应用广泛，但礼在维持社会秩序、提升国民素养方面发挥的重大作用不容小觑。《论语》强调实践，为了解礼的渊源和实现方式提供了感性途径。《乡土中国》重视理论，为思考礼的成因与社会现象找到了理性方法。若能将《乡土中国》强理论观与《论语》强实践观结合，二者便能相辅相成，促进当下社会尊礼、懂礼，在礼的帮助下日益稳定和谐。

（教师点评：本文结构严整、对比严谨、说理详尽、论点独到，体现了该生对于这两本书所描述之礼的深刻见解。首段以两本书社会特征的相似作为比较的依据；正文依次从“礼的核心”“观念碰撞”“功用”分述两本书内容的相似和相异之处；最后总结出二者的差异，一重理性重理论，一重感性重实践，并且指出二者相辅相成的特点，点出“礼”的时代性和现实意义。本文逻辑清晰，架构清楚，最后精简提炼出两书关于“礼”的论述的差异。深刻的思想和严谨的结构使本文大放光彩。）

04 《论语》与《乡土中国》中的“礼”

人大附中　田金禾

《乡土中国》中的“礼”与《论语》中体现的孔子思想是有一定渊源关系的。

《差序格局》中在谈到“差序”概念时提到：“伦重在分别，在《礼记·祭统》里所讲的十伦，鬼神、君臣、父子、贵贱、亲疏、爵赏、夫妇、政事、长幼、上下，都是指差等。‘不失其伦’是在别父子、远近、亲疏……《礼记·大传》里说：‘亲亲也，尊尊也，长长也，男女有别，此其不可得与民变革者也。’”意思是这个社会结构的架格是不能变的，变的只是利用这架格所做的事。

而《论语》中的“礼”，有一方面指伦理道德，包括孝、慈、忠、仁、宽。孔子最注重的就是水纹波浪向外扩张的“推”字。他先承认一个“己”，推己及人的“己”。欲天下平，第一要务是严于律己，先做好自己，提高自身道德修养。对于这“己”，得克服于礼，克己就是“修身”。顺着这同心圆的伦常，就可向外推了。“本立而道生。”“其为人也孝弟，而好犯上者，鲜矣；不好犯上，而好作乱者，未之有也。”从己到家，由家到国，由国到天下，是一条通路。

论语中的推己及人，也就是差序。费孝通在阐述差序时借用了孔子的思想，以“己”为中心，“从自己推出去的和自己发生社会关系的那一群人里所发生的一轮轮波纹的差序”。“为政以德，譬如北辰居其所而众星共之”即差序格局。在孔子的理想政治体系里，自己总是中心，像四季不移的北斗星，所有其他人，例如臣子百姓，都随着自己转动。因而孔子的道德体系绝不肯离开差序格局的中心。这也是儒家思想文化与西方基督文化的最大区别。“君子求诸己，小人求诸人”便是从自我为中心出发的最好佐证。同时，孔子把这道德范围依着需要而扩大或缩小，来做到绝不放松差序层次。

《论语》中的“礼”，也指伦理道德，具体包括君臣之礼、父子之礼、朋友之礼、祭祀之礼。“事君尽礼，人以为谄也”“君使臣以礼，臣事君以忠”是君臣之礼；“父母在，不远游，游必有方”是父子之礼，反映了孝与中国古代社会结构有密切联系。

在“乡土中国”中，在以自己为中心的社会关系网络中，最主要的自然是“克己复礼”，“壹是皆以修身为本”是差序格局中道德体系的出发点。从己向外推所构成的社会范围是一根根私人联系，每根联系被一种道德要素维持着。社会范围是从“己”推出去的，而推的过程里有着各种路线。最基本的是亲属，亲子和同胞相配的道德要素是孝和悌，“孝弟也者，其为仁之本与”。另一种路线是朋友，相配的是忠和信，“为人谋而不忠乎？与朋友交而不信乎？”“主忠信。无友不如己者”。孔子曾总结说：“弟子入则孝，出则弟，谨而信，泛爱众而亲仁。”孝、悌、忠、信都是私人关系中的道德要素。

在“伦”这方面，《论语》与《乡土中国》是一致的。礼是社会公认合式的行为规范。“合于礼”就是说这些行为是做得对的，“对”是合式的意思。

在礼的学说中，孔子最重视礼仪，这是孔子人文思想的重要组成部分，既具有社会群体性的特点，又具有鲜明的意识形态特点。一方面，礼作为一种行为规范，可以约束自己和他人的个性，使之不超越规矩；另一方面，礼究其实质而言，是人表达情感的方式，也是人满足情感需要的基本工具。

礼并不是靠一个外在的权力来推行的，而是人从教化中养成的敬畏之感，使人服膺；人服礼是主动的。礼是可以为人所好的，所谓“富于好礼”。孔子很重视服礼的主动性：“非礼勿视，非礼勿听，非礼勿言，非礼勿动。”

在功用方面，孔子提倡礼治社会，坚持复兴周礼。用礼来约制自己，就可以不背离正道，如此这社会就是遵循人道体系的。

费孝通的很多观点和概念取自《论语》或受其启发，但也有不同——有所延伸。在《乡土中国》中，道德观念是在社会里生活的人应当自觉遵守的社会行为规范的信念，它包括行为规范、行为者的信念和社会的制裁，“维持礼俗的力量不在身外的权力，而是身内的良心”。

而《论语》中认为君主应以礼制来约束社会，以达到稳固统治的目的，“约之以礼”，“道之以德，齐之以礼，有耻且格”，并且要大家做出表率，“君子笃于亲，则民兴于仁；故旧不遗，则民不偷”。

《论语》中的“礼”，另指政治的等级制度，比如批判管仲僭越、不仁、不智，还包含礼仪、典礼、礼节。而这些方面《乡土中国》中涉及较少。

（教师点评：本文讨论《论语》与《乡土中国》中“礼”这一概念的异同。首段给出中心论点；第二到七段讨论二者的相似性，从差序格局概念的引入，到强调以自我为中心，再到私人关系的细致划分，层层递进地阐述两本书内容的一致性，同时，以伦理关系为侧重点可以避免篇幅的浪费，并且很好地扣题。剩余六段论述二者的不同点，这非常有讨论价值，但本文并没有完全围绕这个观点很好地佐证之，故某种意义上失了内容简练的优势，显得较为冗杂，逻辑也不清楚。另外，本文也缺少两个分论点之间的衔接，故本文强于观点鲜明、语言直观，但失于逻辑性不强。此外，本文也缺少二者比较之后总结升华的点睛之笔。）

05 “禮”与“礼”

人大附中　陈麟瑞

两千多年前的中原大地，就已经孕育出了中国最早的文化形式——“禮”。而在历史前进的滚滚车轮中，一部分保留下来的“禮”逐渐形成了现代社会的“礼”。

对古代禮进行详细论述的正是《论语》。子曰：“兴于诗，立于礼，成于乐。”春秋时期，礼崩乐坏，他仍然坚持复归周礼。在孔子的观念中，或者说在古代的思想观念中，禮体现的是道德准则与伦理要求。关于现代社会的礼，我们选择费孝通先生所著的《乡土中国》，其中提到乡土社会秩序的维持靠的是礼治，这是一种社会公认的行为规范。

孔子和费孝通基于不同时代背景所认识的礼，存在着很大的不同。接下来我们详细分析一下其中的差别。

“禮”即为“礻”与“豊”。孔子所说的禮起源于宗教，是祭祀地神、天神的工具，这也是禮的基本思想。而在乡土社会中，现代的礼来源于传统，是在社会经验中世代累积形成的行为规范。

“禮”的深层内涵究竟是什么？“子贡欲去告朔之饩羊。子曰：‘赐也！尔爱其羊，我爱其礼。’”这一句不仅反映了孔子对禮的重视程度之高，也更加深层地体现出禮与现代社会所看重之礼的不同。在乡土社会，对于杀生祭祀之礼，人们更容易产生恻隐之心。这是人们思想的进步。相较于古代，现代人懂得站在他人的立场上去思考问题。所以从当今的时代标准来看，孔子所提倡的禮未免有些残忍而不符合现代道德，这也是最开始所提到的——之所以只有一部分禮被保留下来逐渐形成现代的礼，其本质正是古代与现代思想观念的不同。

再比如春秋时期盛行的殉葬制度，其根本是服务于统治者的自身利益，他们希望自己死后能有人陪同，从而在阴界也有人侍奉。虽然这样的观念在当今社会看来不可思议，但这是当时人们毫不怀疑的传统。到了汉朝，殉葬制度才得到彻底废除；明朝人殉制度死灰复燃，但很快又在历史上消失。

乡土社会是安土重迁的，生于斯、长于斯、死于斯的社会，并不需要法律来维持社会秩序，“礼”的功用就在此体现。《论语》中提到："道之以政，齐之以刑，民免而无耻。道之以德，齐之以礼，有耻且格。"如果统治者用政令和惩罚来统治百姓，人们只会免于处罚；如果用道德教化百姓，用禮去约束他们，百姓则会归于统治者。这一点与乡土社会的格局如出一辙，乡土社会不是一个依据法律条文而存在的社会，而是依靠教化养成个人的敬畏之感。费孝通在《乡土中国》中说道："人服礼是主动的。"孔子同样很重视服禮的主动性。子曰："克己复礼为仁。一日克己复礼，天下归仁焉。为仁由己，而由人乎哉？"

总的来说，社会是不断在进步的，对于我们现在所提倡的礼未来也会有所扬弃，礼乐制度的延续本就是一个不断积淀又与时俱进的过程。而不同就在于基于古代或现代的道德标准，其"礼"的含义不尽相同，这就是"禮"与"礼"的差异。

（教师点评：本文围绕"禮"与"礼"的不同来展开讨论，开篇就提出了"一部分保留下来的'禮'逐渐形成了现代社会的'礼'"的观点，从而得出"社会是不断在进步的，对于我们现在所提倡的礼未来也会有所扬弃，礼乐制度的延续本就是一个不断积淀又与时俱进的过程"的结论。本文观点鲜明，思路清晰，但内容略显单一，论证稍显薄弱，并且层次间的逻辑还需斟酌。除此之外，文章中繁简区分是否必要，还有待商榷。）

06 中国传统观念中的"礼"

人大附中　李哲

"礼"是我国一种传统的社会和文化现象，最初是原始社会祭神祈福的一种宗教仪式。古代的"礼"字写作"禮"，象征用豆盘来盛玉，祭祀祖先表达敬意并求得保佑。《说文解字》上记载："礼，履也，所以事神赐福也"，意思是说遵守礼仪就像人走路要穿鞋子一样，人要按照礼制行事，只有履行祭祀的仪式才能得到神的赐福。

众所周知，孔子生活在礼崩乐坏的东周年间，为了挽救社会，他坚定地认为应该恢复"周礼"。这里的"礼"自然已不是代表祭祀的本义，而是指周朝的"礼制"。从西周开始，"礼"逐渐发展成为一整套以维护宗法等级制为核心的礼制和与此相适应的道德规范。所谓礼制，完整地讲应称之为礼乐制度，分"礼"和"乐"两个部分。礼的部分主要对人的身份进行划分和社会规范，最终形成等级制度；乐的部分主要是基于礼的等级制度，运用音乐缓和社会矛盾。此二者合一，构成了周朝的社会制度体系。正如《礼记》中记载："周人尊礼尚施，事鬼敬神而远之。"即要将尊敬服侍鬼神的态度推广到其他方面，如君臣关系、父子关系、亲友关系、同事关系、邻里关系等社会关系上。从此，"周礼"中的社会等级制度在接下来两千多年的中国封建历史中的绝大部分时间里都是统治阶级所坚持和维护的规范。正所谓"半部《论语》治天下"，《论语》作为体现孔子思想精华的著作，其中的"礼"实际上就是指西周时期实行的社会等级制度以及礼乐教化，是一种在接下来的漫长岁月中对中国产生最大影响力的治世哲学。

现代社会学的代表著作《乡土中国》中对"礼"的见解与《论语》在角度上其实是不同的。费孝通认为，礼是社会公认合式的行为规范，法律也是一种行为规范。但和礼不同的是，法律是靠国家的权力来推行的，而礼却要靠传统来规范。因为乡土社会有安土重迁的习惯和人口流动少的特点，所以人们的社会关系不是靠法律来调节，而是靠“礼”这种由一代代前人通过生活经验总结得来的社会规范来调节，因而形成了“礼治秩序”。这里所说的“礼”不是《论语》中治世所用的等级制度，而是指传统乡土社会中通过经验积累形成的维护传统乡土社会秩序的行为规范。

《论语》和《乡土中国》中都有关于“礼”的论述，它们对“礼”进行阐释的角度不同，但恰好可以相辅相成，将“礼”在不同层面中的作用完整体现出来。

如果继续细细发掘两本书中的论述，不难发现，虽然它们对“礼”的阐释角度不同，却在挖掘其内涵上有着千丝万缕的联系，既象征不同时代思想的碰撞，又代表中华文化的一脉相承。

第一，从服膺方的主动性来看，二者都认为“礼”的实施强调主观性。孔子在治国方面始终坚持“为国以礼”“礼让为国”，正如《论语》中所说“道之以德，齐之以礼，有耻且格”。他不主张通过法律这类“法治”手段来约束百姓，而认为应该通过教化使百姓产生廉耻之心，使个人在作恶时产生羞耻感，从而避免坏事发生，让人们主动服从“礼”。在《乡土中国》中，费孝通先生也提出了类似的观点，他将“礼”定义为“对传统规则的服膺”，而中国传统“礼俗社会”即依靠代代相传的习惯势力实施管理，并以“礼”为规范，教化民众服从这种秩序。“礼”的这种主动服从性正是它与现代“法”的被动管理性的区别，两者的观点都体现了“礼”的这一特点。

第二，在于“礼”的传承性。中国自古以来就注重尊长，无论是对身边的长辈还是对先祖，因此祭祀等礼仪、礼制也成为中国人生活中不可或缺的一部分。在西周“礼治”系统建立后，“礼”就成为约束人们的道德规范。在包括孔子在内的许多人看来，“礼”作为先人留下的遗产，是应该被长久地保留下来的。孔子对“礼”始终持肯定的态度，所以在后来周代礼崩乐坏的大背景下，孔子才会发出“八佾舞于庭，是可忍也，孰不可忍也？”的质问，可见在孔子眼中传承“礼”的重要性。那为何要传承“礼”呢？费孝通先生在《乡土中国》中详尽地分析了中国为什么维持礼治秩序。在乡土社会里，人们与土地相关联，离不开土地，因而有安土重迁的习惯，这使得人口的流动性差，整个社会缺乏变化，人们世世代代生活在一个地方，所遇到的麻烦、问题也不会变，因而只要传承前人的经验就足以应付生活，这些经验也就逐渐变成了我们所说的“礼”。前人的经验已经证明“礼”的价值，所以在古人看来对“礼”的传承是必要的。孔子对周礼的推崇以及费孝通先生对礼治秩序产生原因的解释，可以充分证明“礼”具有传承性。

第三，关于对“礼治”的维护。在长幼尊卑思想的影响下，中国一直存在等级差异，大到一国之主——天下共主的皇帝，小至一家之主——掌管子女教化的父亲，前者负责教化天下百姓，后者负责教化家中孩子。正是因为传承“礼”的需要，中国社会中出现了“教化权力”，进而产生了孔子所强调的“君君、臣臣、父父、子子”的关系，以维护“礼”的传承。总之，由于要维护“礼”，我们始终需要一位“最高执行人”。在《论语》中，这位“最高执行人”即为教化天下百姓的国君；而在《乡土中国》中，“最高执行人”即为家族中的长辈。因此，这两本书都体现了对“礼治”的维护需要“最高执行人”的特点。

总而言之,《乡土中国》中的“礼”更强调其具有的社会规范性，而在《论语》中，“礼”作为治国的方法之一，强调封建等级制度和宗法制度，具有严格的等级制度性。同时，不难看出，虽然《乡土中国》与《论语》在“礼”的阐释方面存在不同，但在“礼”是教化百姓、维护社会稳定的伦理道德这一点上是相同的。

随着经济社会的不断发展，乡土社会逐渐解体，“礼”所代表的封建等级制度早已不复存在，而其社会规范作用也在面对高速发展而日新月异的社会时逐渐被弱化。但是，“礼”作为影响中国几千年的传统，对于现代社会仍具有独特的价值意义，如“礼”一直是约束我们的道德标准，其所倡导的仁、孝、忠、恕、礼、信等基本道德规范仍是我们应该遵守的优秀传统文化。

（教师点评：本文从礼的变化和现代价值入手，结合两本书的内容进行论述。前几段通过礼的发展来解释礼的内涵，论述礼的现代价值，而第六到八段从礼的主动性、传承性和维护三方面展开讨论，并引入两本书的内容。最后两段阐释了两本书所偏重的礼的含义，并对礼包括的内容进行总结，强调了礼在当代的重要性。）

07 “礼”的变迁

人大附中　刘予涵

中国是拥有五千年文明史的泱泱大国，其深厚的文化根基和底蕴是华夏民族智慧的结晶，遗风余韵延绵至今，成为历久弥新的瑰宝。“礼”，正是其中典型代表。两千多年前，书生学子以礼为修身之本，思想家孔子甘愿以残烛之身照亮礼治之路；两千年后的中国，仍然德法并重，延续着伟大的礼治传统。前者是后者的起源，后者是前者的发展。我们选择《论语》和《乡土中国》来对比“礼”的前世今生。

要论“礼”，先要谈礼的含义。孔夫子把礼具象化，将其渗透在君子的一言一行中：麻冕，礼也；拜下，礼也。可见，礼是符合当时身份、地位、道德的规范。这与费孝通先生的“礼是整个社会历史在维持的秩序”的观点十分相近。历经千年，礼依旧发挥着规范社会行为的作用，具有制约性、稳定性和延续性，并成为古代“以礼治国”和当今德法并重的基础。

礼的核心是主动服从。譬如孔子在《论语》中多次强调服礼的主动性，大加赞扬“富而好礼”之士。正如《乡土中国》所说：“礼并不是靠一个外在的权力来推行的，而是从教化中养成了个人的敬畏之感，使人服膺。”有的地方丈夫死后妻子要陪葬，虽然这明显违背人性，但在当时的背景下之所以为大多数人所认同，正是因为它符合礼的规定。

那么，礼的影响力来自哪里呢？一方面，它来自社会生活的实践，如费孝通先生指出的“礼治的可能必须以传统可以有效地应付生活问题为前提”；另一方面，更来自对传统的尊重和敬畏。古时的三年守丧，当今的正月不理发的禁忌，皆是其体现。

礼的功能是实现社会和谐。所谓“礼之用，和为贵”，礼治社会追求“无讼”，他们依据传统和情理来处理冲突，评判事情是否客观公平，以解决问题为根本原则。子曰：“听讼，吾犹人也。必也使无讼乎！”两者在排斥法治、强调以教化民众来安邦治国上出奇一致。究其原因，大抵是在古代与农村，礼在维护社会稳定上效果更为突出。

那么为什么现在绝大多数国家都选择法治而不是礼治呢？特定的社会结构产生特定的治理方式，礼遵循传统的性质使它适用于古老而稳定的社会。然而，在当今政治体制、思想文化剧烈变革，科技、经济飞速发展的时代，传统无法应对新问题，礼治于是逐渐被法治所取代。再者，《乡土中国》中特别提到："礼治社会并不是指文质彬彬……礼也可以杀人，可以很'野蛮'。"同时，封建社会束缚人性的礼，是严重违背当今价值观的，不可盲从。

可是，我们不能就此否定礼的一切价值，它还蕴含着珍贵的中国传统道德理念，在当今仍然可以发挥极大的作用，例如尊师、敬老之礼，又如遵守规则、慎独而自律。学习礼的意义在于让我们了解礼并向着先辈们良好的品格努力，提高自己的修养和素质。"留其精华，去其糟粕"，要让礼在当今中国发挥出最大的价值。

（教师点评：本文第一段先说明了为何选择《论语》和《乡土中国》中的"礼"来进行对比："前者是后者的起源，后者是前者的发展。"接下来从含义、核心、本质三方面进行探讨，主要列举出了两者相同的地方。随后分析了礼治不适应目前社会的原因。最后分析了礼对于当今社会的重要性和意义。本文符合题意，脉络清晰，但分析和认识不够深入，有待提高。）

08 文中之礼，心中所存

人大附中　高嘉然

五千年峥嵘岁月，中华民族打破了封建迷信的桎梏，七十载风雨兼程，中国共产党带领中国人民迈向了社会主义的光明大道。礼，作为封建社会的"残线"之一，现今是否仍有保留的价值？

《论语》和《乡土中国》都详细地讨论了“礼”。比较后可以发现，《乡土中国》中是一种从下向上的礼，《论语》中是一种从上往下的礼，两者的交融便是社会公认的价值。

礼治社会的维持依靠的是超强的个人道德。可纯粹实行礼治的想法过于理想化，孔子最初认为人都可以通过修身成为君子，但世上的人千千万，大多是不能被称为君子的，这也是礼治社会最终礼崩乐坏的重要原因。《乡土中国》中阐述的便是礼治社会的发展，它以道德为维持社会的主干，形成熟人社会。对于熟悉的相处，每个人对彼此都知根知底，那么多约定俗成、带有浓厚乡土气的行为就随之而来了。而法制作为枝叶，用来修饰、弥补礼治社会向现代社会过渡时的不足，从而形成了独特的乡土社会。

不适应潮流的礼固然要被淘汰，而礼也存在着现实意义。慢溯，撑一支长篙，逆历史长河，眼观古人对礼的推崇，耳闻古人对礼的呼吁。礼，为人之本也，兴国之要也，民族之根也。礼，作为中华民族之本源，你我应集万家微茫之小为，迎礼复兴之大起。

礼，始于“博学于文，约之以礼”。我们应广泛学习文化，用礼来约束自己。这来自两千多年前的呼喊，在我的耳边震荡。《乡土中国》中讲：“一说是公家的，差不多就是说大家可以占一点便宜的意思，有权利而没有义务了。”在群己、人我的界限不那么分明的乡土社会当中，自家人的范围可以无限扩大。显然，这些人没有约束自己，没有克制住自己想占小便宜的欲望。他们必然会受到“惩罚”，因为礼治社会中依靠的就是道德，而他们做了违反道德的事情，而这可能会影响他们在别人的圈子中的位置。孔子说的“约之以礼”，面对的是所有人，然而这所有人中的绝大部分人当然是

《乡土中国》中所说的那些人了。费孝通从社会的角度呼吁要节制、约束，孔子从个人的角度呼吁要修身养性。但二者共同的希望是人们能有所改善，提高自己的道德修养。

礼，见于“弟子入则孝，出则弟，谨而信，泛爱众而亲仁”。家族，是礼中重要的组成部分。孔子非常看重家族成员之间的关系。在乡土社会中，家庭讲究的是延续，下一代的出生是家庭存在的意义，从家庭基础上推出来的便是家族。最小的家族也可以等于家庭，亲属结构的基础是亲子关系，也就是父、母、子构成的三角。乡土社会中的道德和法律须依据私人间的亲疏关系而加以程度上的伸缩，如孝悌、忠信。亲人，是结构的基础，关系最为亲密。而礼在这中间也体现得最为重要。“父母在，不远游，游必有方”，即使离开父母也要让他们的心里有个着落。而费孝通认为，乡土中国繁衍后代的主要目的是延续家庭家族的发展。为了发展，很多年轻人离开了自己的家乡，漂泊在外，为的是能将家族家庭延续下去。这时候，大多数的年轻人都没有一个可以被当作着落的地方。那么，他们拿什么让父母的心中有个着落呢？对于团体的家庭家族，费孝通从一个整体延续的角度谈论家庭内的关系，而孔子是从点对点的多个单一角度来谈论形成的错综复杂的关系。

礼，终于“道之以德，齐之以礼，有耻且格”。几乎没有参与过朝政的孔子自知，礼是国家文明的核心，是国家兴盛的基石。以仁治国向来都是儒家所提倡的。德政好比清水，鱼儿自在游；暴政则可比渠沟，了无生机。仁政，治的是人心。人心向齐，则家国大业可保。反观乡土社会的村落里，几乎所有人都认识，彼此熟悉，所以做事不讲法理，只按规矩，不接受新的事物，这也就构成了中国乡土社会特有的本色。社会的秩序无须外力来维持，个人单凭自己的本能与良知，便相安无事了。“无政府”是一种理想的状态，但绝不等于一种”混乱”，而是一种“秩序”，一种不需要规律的秩序，一种自动的秩序，是无治而治的社会。这与孔子提出的传统儒家的礼制不完全相同，因为孔子较为具体地刻画了什么是礼制中的“礼”——“为政以德，譬如北辰居其所而众星共之”。要用德来治国。而德，便是“黜陟幽明”“有脚阳春”“择木而栖”等。孔子阐述了礼从国家开始培养文化，费孝通则阐述了在乡土社会中为了稳定发展而自然形成的一种秩序。但他们共同的心愿是使国家安定、繁荣昌盛。

“不学礼，无以立。”不管是从上往下而传播的《论语》，还是从下向上而传播的《乡土中国》，礼都流淌在中华民族的血液里，是最柔弱却坚韧的那根线，串起延绵不绝的、“修齐治平”的自我追求，以及在法治下实现天下大同的终极梦想。

（教师点评：本文的优势在于其论点不局限于两本书关于礼治观点的比较，更通过比较来挖掘礼在新时代的现实意义，其思想相比其他文章占据了制高点。开头两段自问自答，第三段对第二段进行阐述，说明两本书在如何维持礼治的观点上相异。之后以礼的形成、表现以及发展为主线，阐述在这三方面两本书的不同点，并强调其现实价值。本文角度独特，思路别具一格，最后把两本书的观点稍加提炼，与礼的形成、表现以及发展三个分论点进行结合。文章流畅、严整，具有思想的广度和深度。）

二、知行合一

✓　知解家乡文化　培养家国情怀

——《乡土中国》整本书阅读实践活动

“羁鸟恋旧林，池鱼思故渊。”安土重迁、衣锦还乡、落叶归根……自古以来有很多诗文、成语都表达了中国人对家乡的深厚感情。可是，我们真的了解生于斯、长于斯的家乡吗？这里所说的家乡，主要是指我们居住的城乡社区。请同学们利用课余或假期时间，通过采访、考察和查阅文献等方式，了解家乡的人和物，关注家乡的文化与风俗，深入认识家乡，并对丰富家乡文化生活提出合理建议。

参照下面的提示，任选一项，就你感兴趣的方面进行深入调查。

1. 采访记录家乡的人——地方名人。访谈技巧可参考王思斌的《访谈法》一文。

2. 家乡建筑或器物调查：就博物馆、图书馆、特色书店（如北京的万圣书园、南京的先锋书店等）、祠堂、庙宇、名人故居、特产、老物件等展开调查。

3. 家乡礼仪习俗调查：可以就婚丧嫁娶、祭祖仪式、传统节日（如端午节、春节）等展开调查。可参考钟敬文的《节日与文化》一文。

4. 民间技艺传承情况调查：可以就剪纸、泥人张、糖画、毛猴儿、雕漆、北京风筝、杨柳青年画等展开调查。

5. 家乡文化、艺术生活调查：可以就家乡流动图书室藏书与借阅情况、家乡群众性业余文化活动、家乡商业招牌体现的商业文化等展开调查。如何进行家乡文化、艺术生活调查，请参考毛泽东

《调查的技术》一文。

实践活动调查报告的要求如下：

要记述调查过程，并做归纳总结：或写出自己的认识理解，或揭示价值意义，或指出存在问题并提出建设性意见，等等。这要依据调查对象和具体情况自己把握。

调查报告中需要附上访谈及调查的照片。

【参考文章】

01 调查的技术[①]

毛泽东

（1）要开调查会作讨论式的调查

只有这样才能近于正确，才能抽出结论。那种不开调查会，不作讨论式的调查，只凭一个人讲他的经验的方法，是容易犯错误的。那种只随便问一下子，不提出中心问题在会议席上经过辩论的方法，是不能抽出近于正确的结论的。

（2）调查会到些什么人？

要是能深切明了社会经济情况的人。以年龄说，老年人最好，因为他们有丰富的经验，不但懂得现状，而且明白因果。有斗争经验的青年人也要，因为他们有进步的思想，有锐利的观察。以职业说，工人也要，农民也要，商人也要，知识分子也要，有时兵士也要，流氓也要。自然，调查某个问题时，和那个问题无关的人不必

① 毛泽东．毛泽东选集：第 1 卷．2 版．北京：人民出版社，1991：116-118．

在座，如调查商业时，工农学各业不必在座。

（3）开调查会人多好还是人少好？

看调查人的指挥能力。那种善于指挥的，可以多到十几个人或者二十几个人。人多有人多的好处，就是在做统计时（如征询贫农占农民总数的百分之几），在做结论时（如征询土地分配平均分好还是差别分好），能得到比较正确的回答。自然人多也有人多的坏处，指挥能力欠缺的人会无法使会场得到安静。究竟人多人少，要依调查人的情况决定。但是至少需要三人，不然会囿于见闻，不符合真实情况。

（4）要定调查纲目

纲目要事先准备，调查人按照纲目发问，会众口说。不明了的，有疑义的，提起辩论。所谓“调查纲目”，要有大纲，还要有细目，如“商业”是个大纲，“布匹”“粮食”“杂货”“药材”都是细目，布匹下再分“洋布”“土布”“绸缎”各项细目。

（5）要亲身出马

凡担负指导工作的人，从乡政府主席到全国中央政府主席，从大队长到总司令，从支部书记到总书记，一定都要亲身从事社会经济的实际调查，不能单靠书面报告，因为二者是两回事。

（6）要深入

初次从事调查工作的人，要作一两回深入的调查工作，就是要了解一处地方（例如一个农村、一个城市），或者一个问题（例如粮食问题、货币问题）的底里。深切地了解一处地方或者一个问题了，往后调查别处地方、别个问题，便容易找到门路了。

（7）要自己做记录

调查不但要自己当主席，适当地指挥调查会的到会人，而且要自己做记录，把调查的结果记下来。假手于人是不行的。

02 访谈法[①]

王思斌

（1）访谈法的含义与类型

访谈法是指调查员同调查对象接触，通过有目的的谈话收集资料的方法。根据调查员同调查对象的接触方式，访谈可分为直接访谈和间接访谈。前者是面对面的访谈，后者则是借助某种通信工具进行的访谈。在我国的实际调查中，直接访谈是访谈的主要方式，也有一些调查公司使用电话进行访谈。

访谈有结构性访谈和非结构性访谈之分。结构性访谈是按照事先制定的调查提纲进行，在调查中对问题的解释和说明也是标准的。因此，结构性访谈的特点是比较规范。非结构性访谈没有事先制定的较详细的提纲，只有访谈题目或它所涉及的几个方面。调查员只就调查的主题提一些笼统的问题，求得调查对象的回答，甚至有些问题是在访谈中形成的，访谈随着情况的发展深入下去。非结构性访谈适用于事先对调查主题知之不多，或希望深入了解调查对象的情况。相比而言，这样的访谈得到的资料比较具体、细致、全面，花费的时间也比较多。

（2）访谈的准备及技巧

访谈是调查员同调查对象面对面互动的过程，双方的一言一行都可能会影响访谈的进程与结果。因此，要想得到满意的结果，就要提前做好准备并在访谈中讲究访谈技巧。这包括：1）访谈前要

① 选自王思斌．社会学教程．3 版．北京：北京大学出版社，2010，有改动。

做好准备工作，对访谈的主题及它所包含、涉及的问题做尽可能充分的思考，以备向调查对象提出所要了解的问题。2）事先通知调查对象，约定访谈的时间和地点。3）尽可能多地了解调查对象的身份、生活背景及其与所调查问题的关系等情况，以使访谈时发问得体。4）一般来说要提前到场，在约定的地点等候调查对象；如果去调查对象的家庭或工作地点则要准时。5）从调查对象操办的、关心的事情谈起，逐渐引入正题，以与调查对象建立起良好关系。6）从简单问题入手，启发调查对象充分发表自己的看法。7）控制话题，避免谈话离题太远。在对方谈话离题时，要善意地、巧妙地扭转他的话题。8）在整个访谈过程中始终抱着虚心求教的态度，尊敬调查对象。注意使用合适的谈话方式，包括姿势、语气、表情，使对方觉得调查员是在认真听他讲话。9）对重要问题可以用不同方式重复提问，重复对方关于此问题的回答，看其是否肯定此说法。10）调查员应对所问问题持中立态度，不能发表自己对问题的看法，也不能做引导性提问。11）经调查对象同意后进行记录。

03 节日与文化①

钟敬文

近代以前，长期的农业社会产生和继承、发展了许多节日。现在只要打开古代《岁时广记》一类的文献看看，你就会感到惊异。为什么会有那么多的节日？是古人闲着无事干，还是他们物力、精

① 选自钟敬文. 钟敬文文集：民俗学卷. 合肥：安徽教育出版社，1999，有删改。钟敬文（1903—2002），原名钟谭宗，广东海丰人，民俗学家、民间文艺学家、散文家。

力过剩，所以要来弄弄这种“四时八节”？不是的。过去有些节日，尽管现在我们看来是无谓、可笑乃至可厌的，但在被创造乃至被继承的当时，有它的主客观原因和相应条件。在过去节日及其活动中，有些是有一定现实意义和作用的（如端午的洒雄黄酒、六月六的晒衣物及年终的掸尘等），有些却只是满足生活、心理的要求（如新年的家人团聚、亲友来往以及追傩、钉桃符等）。后者往往带着幻想和迷信的色彩。这是由于当时人们对付实际事物的能力还很有限，认识事物的知识又比较低下。因此，为了满足需要，不能不借助于巫术及宗教信仰、仪式。这就必然使这种文化带有消极的因素。它标志着人类和民族文化的原始的或近原始的阶段。

但是，文化具有一种自然调节、改进的能力。随着社会的发展，人们的实际活动能力和心理智能也不断变化。人们对于传统文化（包括节日活动在内）中的不合理的、过时的部分，往往不自觉地或半自觉地加以改动，使之合理化（或比较合理化），使之具有较高的社会意义。例如本来是一种禳灾法术的放纸鸢活动，逐渐成为一种大人或儿童的文娱活动。又如本来是江滨人民驱除瘟神等的宗教行事送瘟船，后来却被联系到楚国忠臣的沉江故事，使它具有历史的和伦理的意义。这种事实，不仅说明了民间文化的进步性，也增强了文化进化理论的可靠性。

民间节日，作为一种文化事象，有一个颇值得注意的特点，就是它的复合性。例如端午节，它既有划龙舟、吃粽子等活动，又有饮雄黄酒、插艾蒿、挂菖蒲、贴钟馗图、小孩带香囊和穿老虎腰肚，以及出嫁了的女儿回娘家、邻居互送节物等活动。至于那一年之首的春节，活动事项就更加繁多了。宋人陈元靓编纂的《岁时广记》，

“元旦”这部分的资料（包括活动和故事），就占了三卷。18世纪中叶文人学者所写作的新年民俗诗集《武林新年杂咏》，里面关于艺术、技艺一类事项的题目就有40多个。这些表明，民间的许多节日是包括社会的多种活动事项在内的。从社会文化的门类说，它包括经济、宗教、伦理、艺术、技艺等活动。它是许多文化活动的集合体，是民族文化的一种展览会。

由于上述这种特点，民间文学的功能必然也是多方面的，关于人际的团结、社会规范的保持、技能的表现、医药的运用，以及对各种心理的慰藉……总之，民间节日，在过去，尽着各种社会的功能，是民族文化的综合应用。在这种意义上，我们今天不能简单地以旧文化、旧生活模式一笔抹杀它。

我们现在处在社会主义社会的初级阶段，许多社会礼制和观念都在发生新的变化。我们的风俗、习尚（包括节日）也不能安于旧态。新中国成立之后，我们已经采用了一些新节日，如青年节、劳动节、建军节、国庆节（还有些地方把重阳节改为老人节）。但同时有些传统节日仍在普遍或局部沿用，如春节、清明、中秋节等。不过由于现实生活有较大的变动，作为上层建筑的文化，不能不做相应修改，如：传统新年改为春节，并加入新的内容（慰问军烈属等）；清明节主要作为纪念革命烈士的节日等。这样做，是合理的，也是必要的。这些有长远历史的古老节日，在新社会中就成了新文化的一部分。我以为在传统节日的行事中，还有些是颇有意义或情趣的，像上文所提到的晒衣物、掸尘等，符合新学理和新社会要求。此外，如清明的踏青、踢毽子，重阳的登高（南方并放纸鸢），甚至如七夕的未出嫁的女儿月下穿针、中秋的玩兔儿爷等，虽没有显著的社会或科学意义，但作为民族的传统生活情趣，以某种适当形式给予保留，也是可以考虑的吧？

【调查报告优秀示例展示】（4 篇）

01 “我的家乡文化生活”调查记录

人大附中　贾璐语

我的家乡北京是一个让我引以为傲的大城市，我喜欢它古朴与雍容的一面。在胡同中穿行，抚摸着斑驳的红墙，我看到的是使北京自信地绽放在世界东方的历史与文化。宋庆龄故居是一个我非常喜欢逛的地方。在那里我读伟人的人生故事，看院中的和风与盛开的白玉兰共舞，在宁静与典雅中度过一段惬意的时光。

建筑名称：宋庆龄故居。	建筑位置：北京市西城区后海北沿 46 号。
建筑历史：始建于清朝康熙年间，为大学士明珠的府邸花园，乾隆年间为和珅别院，嘉庆年间为成亲王永瑆王府花园，后为光绪父亲醇亲王奕譞府邸花园，清末又为末代皇帝溥仪的父亲醇亲王载沣的王府花园，即摄政王府花园。宋庆龄自 1963 年 4 月乔迁于此，一直工作、学习和生活到 1981 年 5 月 29 日逝世。1982 年 5 月 29 日起对外开放。	建筑现状：宋庆龄故居原为清代四大王府花园之一，庭院南、西、北三面均有土山，土山内侧有由后海引入的活水，绕园一周。其中南湖为较大的一处水面。原王府花园内濠梁乐趣、畅襟斋等一组清代建筑，现已恢复宋庆龄生前原状（大客厅、大餐厅）。古建筑群以西的一中西合璧两层楼的主体建筑是宋庆龄的寓所（后建），兼办公、会客，称主楼，内有原状陈列。建筑群与南湖之间为草坪，草坪上设有旗杆，悬挂 2 号国旗。南湖南岸有明代两层楼建筑，称南楼。南山东侧有箑亭，西侧有听雨屋。园内有重点保护古树 23 株，其中西府海

续表

	棠名列北京“最美十大树王”。有长廊迂回曲折，纵贯南北，连接南楼与北建筑群，长廊中有恩波亭（纳兰性德时期渌水亭原址）。庭院中明清两代古建筑为砖木结构，楼台亭阁为王府风格，建筑面积 2 000 余平方米。现代建筑为钢混结构，是在原有主体建筑迤西接建的灰色仿古二层小楼，为宋庆龄生前工作和生活之处，建筑面积 2 100 余平方米。新文物库依西侧大墙而建，宋庆龄生平展在新建文物库一层，2009 年竣工。
建筑价值：●原状陈列展　将宋庆龄生前生活、工作、学习过 18 年的场所封存，保持原状，包括小客厅、小餐厅、卧室兼办公室、书房、小厨房及康乐棋等。 ●宋庆龄生平展　展示了宋庆龄的一生，包括 300 多件历史文物。展览共分为 12 个板块，分别为孙中山先生、求学立志、风雨同舟、继承遗志、团结抗战、迎接曙光、杰出领袖、心系人民、和平使者、缔造未来、国之瑰宝、事业延续。 ●庭院　有 300 多年历史，曾是清代明珠府邸、和珅别院、成亲王府以及末代皇帝溥仪的父亲醇亲王载沣的王府花园，称醇亲王府或摄政王府花园，包括蓮亭、听雨屋、畅襟斋、南楼、恩波亭、长廊等古建筑景观。	 建议：我觉得馆内很多的展览只展现了宋庆龄的生平，我认为更应该突出她的杰出品质，供青少年学习。

关于参与家乡文化建设，我认为保持京味最基本的方法就是保持北京人的客气与周到，还有他们心底的宁静和文化自信。我会想

办法抽出尽量多的时间参观这些胡同里的文化瑰宝，并用当代青年人的口吻诉说自己的所见所闻所感，把文章发到网上，让更多人看到并热爱它们。

02 中关村文化生活调查——书店

人大附中　刘奕萱

利用2019年国庆节假期时间，我粗略地走访了中关村一带的七家书店，并利用网络工具对其中几家书店的运营理念进行了深入了解。在此先分别列出各书店的情况，再加以总结。

一、中国人民大学出版社读者服务部

地点：海淀黄庄地铁站门口，人大附中以北。

图书：国学、社科类图书稍多一些，图书分类很清楚，种类很齐全，数量在同类型书店中算比较多的。有面向大学生的专业图书，也有面向中学生的推荐图书，兼有一些练习册、字帖。

其他商品：独具特色的茶杯、文具，中国人民大学专属信封、信纸、书签、笔记本、明信片。

环境：书店内有咖啡吧台，可以将咖啡、茶饮带到地下室内，边读书边饮用，地下室无背景音乐，非常安静，经常有刚放学的学生来此自习。

顾客：多为中学生、大学生，推测书店面向的群体为学生，无论是周末还是平时放学时间，顾客都不少。

营业时间：9:00 至 21:00。

特色：卖中国人民大学的文创产品。

二、中国书店

地点：海淀桥旁，中关村创业大街尽头。

图书：以旧书为主，主要为历史文献、儿童读物、鉴赏画册、书法碑帖、线装古籍、宗教哲学类图书。共占三层楼。

其他商品：文房四宝、办公用品，并收购旧书。

环境：店面装潢比较复古。

顾客：多为中老年人，人很少。

营业时间：10:00 至 22:00。

三、言几又 “今日阅读”

地点：中关村创业大街。

图书：图书分类很清楚，各个种类都有涉及，不过每个种类的图书数量并不大。

其他商品：有很多时尚、特别的小物件，比如本子、儿童玩具、茶杯、蜡烛、香薰、音乐盒、书签、茶杯、地球仪、画板、夜灯。尤其是该书店自己设计了一款日历，每一页都会介绍一个跨界名人。

环境：整体上是一个非常时尚和文艺的地方。分为两个部分——书店和咖啡厅，同样没有背景音乐，较为安静。

顾客：多为年轻的上班族，一些外国人会来这里喝咖啡，人不少，可以坐满咖啡厅里一多半的座位，不过真正在读书的人不是很多。

营业时间：10:00 至 22:00。

创新理念：旨在探索介乎家与写字楼之间的第三种可能，致力于打造一个涵盖书店、咖啡厅、艺术画廊、文创生活馆、创意孵化地的“城市文化空间”。

以先锋精神和美学设计，一改传统书店氛围；拥有专业的图书采选团队，提供多元的阅读入口；用更多的创意语言，搭建言几又式的场景空间；融合多种内容，向消费者推荐多元生活方式。

特色活动：邀请各界学者、作家、名人、明星定期开展签售、见面会等活动；举办手工艺品鉴赏、展览互动等文化沙龙；发起“亚洲书店论坛”，分享行业经验，传递先锋思想，促进文化领域合作方式及发展形态革新，推动文化产业发展交流，助力“全民阅读”。

四、中信书店

地点：新中关购物中心附近。

图书：图书分类有“未来的家”（科普）、“我的世界是一座花园”（艺术）等，少有专业图书，社科、国学之类的图书都被摆在旁边高架上，中间的图书大多如《中国自助游》《5G + 5G 如何改变社会》《焦虑型人格自救手册》《生活需要仪式感》《长安十二时辰》《衣橱博物馆》《做设计》，和现代人生活联系密切。还有由各种网络文章、漫画等改编成的图书。比较有特色的是《桃花源记》绘本，把《桃花源记》用水墨画的形式画出来了。大概共有 1 000 多本书。

其他商品：有很有趣的日历，如故宫日历、音乐日历（扫码听音乐）、漫画日历，还卖文具、木结构拼图等。

环境：没有可供读书的桌椅，尽管处于繁华的街边，但半地穴式的店铺结构和隔音门，使店内较为安静。

营业时间：10:00 至 22:00。

创新理念：中信书店不断创新商业模式，以主题、体验和社交为核心消费需求，构建新型文化消费场景，陆续探索城市书店、楼宇书店、“书店 + 咖啡”等商业形态，承载阅读、艺术、文创、亲子、美食、旅行等综合文化服务业态，建立了新的城市文化地标。同时通过 O2O 社区化分销方式形成会员服务网络，实现人与书、人与物和人与人的互动。

五、中关村图书大厦

地点：海淀桥旁。

图书：共四层，汇集 35 万余种高、精、专、特、新图书和音像制品电子出版物，分门别类管理得很好，非常适合查资料。值得一提的是该书店的三层基本上被各种参考书、练习册“攻占”了。

其他商品：文具、文房四宝等。

环境：设计风格以“文化长城、智慧流水”为主题，为读者提供优雅、明快的购书环境和人性化的高水准服务，彰显“行业先导，国际一流”的独特品质。服务空间广阔，延伸了书店内涵，水吧、特色书区和读者俱乐部一应俱全。

顾客：非常多，各个年龄段都有。

营业时间：10:00 至 21:00。

特色活动：五层的多功能厅可举办文化学术研讨、前沿科学知识交流和各种时尚性活动，在出版者、读者与作家学者之间架了起文化交流的桥梁，营造了高雅的文化品位，为各界读者提供了丰富多彩的阅读、欣赏空间。

六、蜗牛书馆

地点：中关村南大街中电信息大厦410。

图书：一半中文书，一半英文书，有小一万册藏书，还有捐书。

其他商品：有一些摆件，不过好像只是起到装饰作用。

环境：有猫，读书的地方被划分成一个个小隔间，提供水和咖啡。还有一个小讲台和弧形的阶梯，为经常举办讲座提供了场地。比如10月6、7、8日三天会分别举办与商业、艺术、心理有关的讲座。

顾客：这是个会员制书店，只有会员可以进入小隔间读书，并享用书店提供的水和咖啡。

营业时间：9:00至23:00。

特色：会员制。

总结：

实体书店的创新

在新时代大背景之下，人们对美好生活的需要已不仅仅停留在物质层面，对丰富精神生活的呼声日益高涨。根据中国新闻出版研究院组织实施的第十六次全国国民阅读调查，2018 年我国成年国民包括书报刊和数字出版物在内的各种媒介的综合阅读率为 80.8%，整体阅读人数持续增加，这是一个令人欣慰的好现象。然而，随着数字化阅读的普及，纸质阅读率增长呈放缓趋势；阅读的娱乐化和碎片化特征明显，深度图书阅读行为的占比偏低。这导致传统实体书店面临顾客少、收益低的难题，需要寻找新的途径以拓宽市场、保障收入。与此同时，相比碎片化阅读，阅读纸质书更有利于构建完整的认知体系，培养全面深入思考的能力，涵养沉静的心性，带来宁静、专注的精神体验。因此，实体书店的创新不仅是出于提高自身经济效益的必要，还肩负着为大众提供更高质量文化生活的神圣使命。如何走出一条成功的创新之路？一些新型书店已经给出了答案。

将书店升级为城市文化生活空间。新型书店通过整修店面装潢，提供高雅美观的桌椅，售卖茶饮、文创产品、艺术作品，营造了良好的文化氛围，提供了周到的服务，从而为顾客创造出了一个充实、创意、休闲的空间体验。当书店的重点由售卖图书转向售卖空间和服务，由售卖文化产品转向售卖文化服务，书店就升级成了城市文化生活空间，卖书就升级成了推广阅读这种生活方式。如今，只可“窃读”的书店已经不符合人们对休闲式的阅读氛围的追求，唯有用好“体验”这把金钥匙，才能打开读者的心锁，让读者的心灵有一个中意的栖息之所。

提升待售图书的品质。例如，“网红书店”言几又就拥有专业的图书采选团队，以提供多元、优质的阅读入口。如果说注重环境艺术性的言几又总能吸引好奇的路人，那么把路人变为常客的决定性因素还是书店里的好书。正如哲学家穆勒所称，体验过高级快乐的人，在面临高级快乐与低级快乐的选择时，永远更倾向于选择前者。挑选内容优质的图书，其实是在迎合人们日渐高雅的文化品位，是一种更为智慧的选择。从其必要性上来看，这也是书店作为文化传播源的社会责任。

应用“文化+”模式，延伸书店价值。可以看到，许多新型实体书店都尝试了阅读与餐饮、旅行、亲子、艺术、文创等业态的融合，不仅成功地吸引了许多顾客，还实现了阅读产业对其他关联产业的反作用。“产业领域的跨界联姻与融合……会吸引越来越多的行业向文化产业靠拢，在资源共享、理念统一的基础上，使文化产业和关联产业获得更大的成长空间，实现内容建设上的价值增值与价值延伸。”阅读等文化产业一步步嵌入其他产业的过程，实际上是文化一步步扩大其影响力的过程，社会的文化氛围就这样日趋浓厚，人们对高雅生活的追求就这样日渐提升，这反过来为实体书店的发展培育了肥沃土壤。这种互相促进的模式使书店的价值得到延伸，从而收获更高的社会效益。

面对数字化阅读方式的冲击，创新是使实体书店行稳致远的关键所在。一定要发展好实体书店，保护好传统阅读方式，共同致力于建设一个全民阅读的书香中国。

03 家乡建筑调查：西什库教堂

人大附中　金鼐

建筑地址：建筑现址位于西城区西什库大街33号。

建筑历史：康熙年间传教士洪若翰和刘应由于医治好了康熙帝的病被赐予了一块地皮修建教堂。后几经波折，最终在1887年迁往现址西什库大街，1900 年建成。

建筑概况：西什库教堂是北京罕见的哥特式建筑，结合了许多中国传统元素，是中西合璧的建筑精品。西什库教堂有四个高高的尖塔、三个尖拱券入口及主跨正中圆形的玫瑰花窗，塑造出端庄而绮丽的立面，在青松翠柏环绕之中显得洁白挺拔。堂前左右两侧各有一座碑亭，为黄顶琉璃瓦重檐歇山顶设计，庭内安放乾隆皇帝手书御碑两统，碑亭内侧则是四尊中式的石狮子，还有一对石供。主入口两侧的圣者雕像是北京各教堂中绝无仅有的。围绕哥特式教堂建筑的是传统的中式台基，环以汉白玉栏杆，栏杆和栏杆上的装饰均为传统的中式设计。教堂外表有巴黎圣母院之风。进入教堂内部，头顶便是唱经楼，堂内三十六根明柱撑起大量的十字拱肋，但是与许多西方教堂不同，柱子色彩鲜艳，拱顶好似用纸包裹着。这样一来减少了些来自神明的压迫感，多了些舒适的气息。两侧大量的彩色玻璃和多数教堂一样，描绘了耶稣的一生，还展示了许多关于中国的建筑、历史等内容。

参观注意事项：平日里教堂内会有弥撒，在宗教节日也会有大型的祷告，也会承办一些婚礼项目。

参观感受：在现在的年轻群体当中，历史建筑并不是一个热门话题。大家多青睐那些能够提供及时快感的项目，就算是对历史文化感兴趣的也大多关注较为浅显的表皮，没有几个人愿意真正观察这些身边的遗迹并思考它们背后的含义。我对宗教不太感兴趣，但我认为这种宏伟瑰丽的建筑艺术能够穿越百年的时光并给我带来一些震撼——不会说话的建筑可以告诉你过去的文化形式、生活状态。我难以描述那种奇妙的感觉，就如同春天的土地，好似总有一种感情想要从我的心里喷涌而出，歌颂这巧夺天工的设计。西什库教堂就让我看到了近代西学东渐的风气、中西文化交流的过程，还有我们近代的悲痛历史。

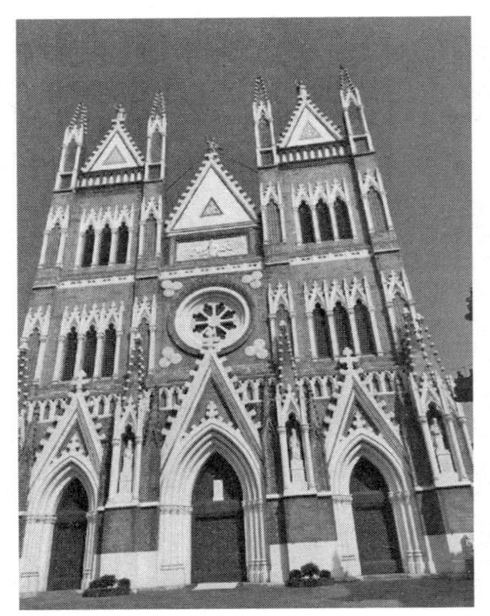

04 寻访唐山皮影戏

——家乡文化艺术生活调查报告

人大附中　苗庭嘉

一、引言

我的家乡是河北滦州，一座有着悠久历史的小城，地处唐山市东部。

皮影戏是家乡一项久负盛名的传统民间艺术，我在很小的时候就已经对其有所了解。如今，随着当地旅游业的蓬勃发展，皮影戏这一历史悠久的艺术形式重新焕发了生机。

为了走近家乡文化艺术生活，进一步加深对家乡皮影艺术的了解，我在国庆节假期开展了调查。本次调查以访谈形式进行，访谈对象包括青年学生、中年皮影艺人以及老年人，访谈内容包含了对皮影戏这一艺术形式的看法等。

二、唐山皮影戏简介

唐山皮影戏是一项在当地有着悠久历史的传统民间艺术，它是中国皮影戏中影响最大的种类之一。唐山皮影戏因在唐山一带最早出现而得名，又叫“乐亭影”“滦州影”。

与其他艺术形式不同，皮影戏不仅需要艺人拥有精湛的表演技艺，还需要制作皮影的能工巧匠具有高超的制作技艺。所以说，皮影戏是一种综合性较强、发展较为完善的综合性艺术。制作精美的皮影，带有方言韵味的独特唱腔，再加上艺人灵巧的操纵技艺，使得唐山皮影戏的美名经久不衰。

三、调研纪要

1. 调研对象：邻居家哥哥，研究生在读

访谈内容：

Q：你是否了解皮影戏？有没有看过皮影戏表演？

A：我对皮影戏有一定了解，但没有看过皮影戏表演。

Q：你认为皮影艺术，尤其是我们本地的唐山皮影戏的现状如何？

A：我认为皮影艺术没能很好地做到与时俱进，是一种较为落后的艺术形式，对年轻人的吸引力不足。

Q：你认为皮影艺术在未来会有怎样的发展？

A：我个人不是很看好皮影艺术的发展前景，或许皮影艺术会因为观众的日渐稀少而消亡。

2. 调研对象：当地著名的皮影艺人

访谈内容：

Q：在您眼中，唐山皮影戏的现状如何？

A：远的不说，咱说近的。皮影戏目前在咱们这个滦州古城（半景区性质，其中以商铺与饭店等营利性场所为主）是一个大受欢迎的表演项目，现状还是挺不错的。唯一的小问题就是，观看皮影戏的多为外地游客，本地人较少。

Q：您认为唐山皮影戏独特的艺术价值体现在何处？

A：我认为咱们这个唐山皮影戏独特的艺术价值，就在于它的综合性。咱皮影艺人，既得会制作，又得会演，还得能唱。还有一点就是内容，皮影戏讲的故事都是能称得上是文化瑰宝的传统故事，要很有艺术价值。

Q：您认为现在唐山皮影戏面临的问题主要是什么？有没有什么解决的想法？

A：现在咱们这个唐山皮影戏没什么传承人，这是迫切需要解决的一个问题。新时代了嘛，我挺支持唐山皮影戏这一艺术形式为适应新时代做出改变，但是怎么改得仔细琢磨，不能把这项艺术的魂丢了。

3. 调研对象：祖父，唐山皮影戏艺术爱好者

访谈内容：

Q：我知道您很喜欢皮影艺术，那您平时皮影戏表演看得多吗？

A：虽然皮影戏确实挺有意思的，但也只是偶尔看看皮影戏表演，毕竟现在娱乐形式比早些年多了不少，电视也很吸引人。

Q：您认为唐山皮影戏现在有哪些不足？

A：首先，唐山皮影戏的表演内容过于单调，需要充实，而且我觉得唐山皮影戏需要变得更生活化，更贴近咱老百姓的日常生活。

四、总结

根据他们的叙述，我们不难看出，由于当地民俗旅游业的发展，目前皮影戏的确算是欣欣向荣。

但值得注意的是，当我向群众的典型代表——青年学生与老年人问及他们是否常观看皮影戏表演时，他们的回答分别是“没有”和“偶尔看看”，这表明唐山皮影戏这项传统民间艺术在群众中的受欢迎程度并不理想。这是一件很值得我们担忧的事情。我认为，传统民间艺术的发展不能脱离群众的生活，就像树木不能离开它所植根的土壤，一如一个国家的执政党不能脱离这个国家的人民。是当地百姓独特的艺术审美造就了唐山皮影戏这一艺术形式，百姓的热爱是其发展的原动力，百姓对艺术发展的关注与积极参与是其保持活力的“源头活水”。皮影戏这一雅俗共赏的传统民间艺术不该发展为高居庙堂之上的表演，这样必然会阻碍它将来的发展。

这种情况令我喜忧参半：皮影戏这种有着悠久历史的传统民间艺术得以传承，这着实是一件令人欣喜的好事，但与此同时，我也为它未来的更深层发展而感到深深担忧。

我多么希望，能在未来见到唐山皮影戏发扬光大，其以独特的魅力享誉神州大地。我多么希望，哪怕是在遥远的未来也依旧能见到皮影艺人用他们精湛的技艺展现这一传统民间艺术所独有的韵味，领略昏黄烛影间摇动的五千年沧桑，聆听翻飞的皮影讲述爱恨情仇。

总而言之，希望这一历史悠久的传统民间艺术能在不远的将来真正地走入群众当中，被更多的人了解，真正成为人们生活的调节剂，凭着人们对这一传统艺术的热爱焕发出新的生机！同时，我也期待着家乡的民间文化、民间艺术能在这个网络媒体迅速发展的时代里始终保持活力，能借助新技术继续蓬勃地发展！

三、阅读链接

✓　今天我们为什么怀念费孝通

吴晓波

1939 年，29 岁的费孝通出版了英文版的《江村经济》一书，日后它被奉为中国人类学的奠基之作。费孝通还是世界上第一个指出乡村也能发展工业经济的经济学家。其实没有“江村”这么一个村庄，它的原型叫开弦弓村，在距离“孤岛”上海一百公里的江苏省吴江县。

这本书的创作诱因是一个让人心碎的青春悲剧。

就在四年前的 1935 年秋天，清华大学社会系学生费孝通与新婚妻子王同惠前往广西大瑶山做瑶寨实地调查。翻山越岭中，费孝通误入瑶族猎户为捕捉野兽而设的陷阱，王同惠为了救他独身离去寻援，不慎坠渊身亡。

第二年开春，为了疗伤和抚平丧妻之痛，费孝通来到他姐姐费达生居住的开弦弓村，在这里，他拄着双拐，带着一颗破碎的年轻的心，开始了一次细致的田野调查，《江村经济》就是结出来的成果。

开弦弓村在 1929 年 1 月，就购进了先进的缫丝机，办起了生丝精制运销合作社丝厂，它被认为是现代企业史上第一个农民自己办的丝厂。村里还成立了具有民间银行性质的信用合作社，费孝通的姐姐、毕业于东京高等蚕茧学校制丝科的费达生正是这一事业的重要倡导者。

这些新事物的出现让费孝通好奇不已。他把开弦弓村当成是“中国工业变迁过程中有代表性的例子，主要变化是工厂代替了家庭手工业系统，并从而产生社会问题”。

而他最终得出的调查结论是这样的：“由于家庭工业的衰落，农民只能在改进产品或放弃手工业这两者之间进行选择，改进产品不仅是一个技术问题，也是一个社会再组织的问题……因此，仅仅实行土地改革、减收地租、平均地权并不能最终解决中国的土地问题。最终解决的办法，不在于紧缩农民的开支，而应该增加农民的收入。因此，让我再重申一遍，恢复农村企业是根本措施。”

1938 年春，费孝通在英国伦敦政治经济学院完成了他的博士论文，这就是第二年出版的《江村经济》，这本书一直到 1986 年才被翻译成中文在中国出版。它被看成是人类学中国学派的代表作，是人类学的研究对象从“异域”转向“本土”、从“原始文化”转向“经济生活”的崭新尝试。

…………

费孝通一直以来被看成是一个社会学家，他当过中国社会科学院社会学研究所所长和中国社会学学会会长，而他的观点在经济学界受到关注是从批判开始的。

1957 年，他重返二十多年未归的开弦弓村做调研，在那里他又从田野里拾回了三十年前长出来的那个疑惑——“农民为什么还是那么穷？”。他在《重返江村》一文中大胆地设问，“现在土地制度变了，每个农户都拥有了土地，怎么还是缺粮食呢？”。他走村串户，盘账计算，得出的结论是“问题出在副业上”。

费孝通重申了他在年轻时得出的那个结论，“在我们国内有许多轻工业，并不一定要集中到少数都市中去，才能提高技术的。以丝绸而论，我请教过不少专家，他们都承认，一定规模的小工厂，可以制出品质很高的生丝，在经济上打算，把加工业放到原料生产地，有着很多便宜”。

他更大胆地用数据说明乡村工业的倒退：“总的看来，副业方面现有的水平是没有二十一年前高了。作一个大约的估计，1936 年，副业占农副业总收入的 40% 多，而 1956 年，却不到 20%。”

这样的观点理所当然地受到了猛烈的批判，费孝通被指责“在副业上大做攻击共产党的文章”“反对社会主义工业化”。在随后开展的反右运动中，他被划为著名的大右派，并在其后的二十年中，凄惨度日，自称“连一张书桌都没有”。

1978 年，费孝通始得平反。谁也没有料到的是，他在 1935 年所期望的“农村企业”竟成了日后中国经济改革的突破口。

1981 年，费孝通第三次访问开弦弓村，他看到家庭工业开始复苏，家庭副业的收入占到了个人平均总收入的一半，而在吴县一带，乡镇工业遍地开花，甚至跟城里的大工厂争原料、争能源和争市场。

1983 年底，费孝通写出《小城镇再探索》一文，认为“农民充分利用原有的农村生活设施，进镇从事工商业活动，在当前不失为最经济、最有效的办法”。正是在这篇文章中他第一次提出了“苏南模式”。

1986年，已经是全国政协副主席的费孝通在一篇新闻报道中看到，浙江南部的温州出现了一种有别于苏南模式的民间工业，他当即以76岁的高龄亲赴温州考察……

在当时国内，对温州私人经济的批判和讨伐之声不绝于耳，而开明的费孝通则认为，“用割的办法是不能奏效的，割了还会长出来”。他撰写的长篇调研报告《温州行》予以传播，后来又提出了“温州模式”的概念。

苏南模式和温州模式成为中国民营经济最引人注目的两大成长模式，竟然都出自费孝通之观察，斯人贡献，以此为大。1990年之前，每逢宏观调控，乡镇企业都成遭受整顿的对象，费孝通一直是最坚定和大声的捍卫者。

…………

我曾在1997年访问过费老，面对后辈小生，他不厌其烦，耐心以对，反复说的一句话正是“农民和农村的问题解决了，中国的问题就解决了”。日后，每当谈论农村问题，我总是会不由自主地自问：“费老会怎么看这个问题呢？”

遥想1936年的那个开春，自青年费孝通拄着拐杖、好奇地走进开弦弓村的那一天起，他就是一个小心翼翼的改良主义者，在他看来，“社会是多么灵巧的一个组织，哪里经得起硬手硬脚的尝试？如果一般人民的知识不足以维持一种新制度，这种制度迟早会蜕形的”。